TOT를   Target on Time

바라는

TOT   Top of the Table

맑은나루는 ㈜샘앤북스의 단행본 브랜드로서 사람들을 맑은 데로 인도한다는
취지에 부합한 책들을 만듭니다.

TOT를 바라는 TOT

초판 1쇄 발행 2014년 11월 17일

글쓴이 · 최윤선
발행인 · 이낙규
발행처 · ㈜샘앤북스
        신고 제2013-000086호
        서울시 영등포구 양평로 22길 21. 선유도 코오롱디지털타워 914호
        Tel. 02-323-6763 / Fax.02-323-6764
        E-mail. wisdom6763@hanmail.net
ISBN 979-11-5626-031-8 03320

Target On Time

Top Of the Table

최윤선 지음

신용불량자에서 천만 불 자산가까지의 자산을 관리하는
자산전문가, 최윤선 TOT의 진한 돈(惇) 이야기

맑은나루

이 책을 잡고 읽어 내려가는 동안 최윤선 부사장, 그가 걸어온 길에는 분명한 가치가 있고, 그 가치를 묵묵히 실현해가고 있음을 마음으로 깊이 받아들일 수 있었다. 책을 읽는 내내 감동이 몰려왔고, 몇 번이나 눈시울을 붉혔는지 모르겠다.

이 책은 '돈'이라는 언어를 여러 면에서 풀어가는 데 있어서 실질적이면서도 소중한 경험들이 절절히 담겨있는 그릇을 하나씩 공개하고 있다. 아주 편안한 대화를 나누는 것 같은 표현을 담고 있는 이야기는 한순간 빨려 들어가게 되고, 진정한 TOT구나, TOT라면 이런 모습이어야 할 것 같다는 생각을 갖게 한다.

진정한 하나님의 나라를 확장하고, 보편적인 돈의 가치를 사람과 가정으로 연결해서 생각하고 풀어가는 모습이 정말 마음을 꽉꽉 흔들어 깨운다. 척박한 재무설계시장에서 독학과 비슷한 과정을 거치면서도 몇 번이고 고객의 입장에서 진정으로 도움이 되는 재무설계인지를 점검하면서 실천한 경험이었기 때문에 인생설계의 참맛과 묘한 감격을 가져다준다.

개인적으로 몇 번을 만나서 대화해본 최윤선 부사장은 훌륭한 금융인이라는 생각을 했는데 이 책을 읽으면서 '아무나 쉽게 만날 수 없는 금융인 최윤선의 진면목'을 보게 되었다. 나름대로 몇 권의 경제분야 베스트셀러를 출간해본 적이 있던 내가 이 책을 잡았다가 놓지 못하고 끝까지 읽게 되었고, '그래 이 책이야!'라고 외친 책이다.

나는 모든 사람들이 이 책에서 '왜 최윤선 같은 금융인을 만나야하고, 금융인이라면 최윤선 같은 금융인이 되어야 하는지, 특히 하나님을 아는 금융인이라면 어떤 가치로 일해야 하는지'를 깨달을 수 있으리라 확신한다.

키움에셋 대표 재정상담사, 전 TNV 대표이사 **백정선**

저자의 말처럼 이 책은 성공한 금융자산가가 되기 위한 지식서는 아니다. 돈을 쫓아 열심히 살고 풍요해지길 원하는 사람에게는 더욱 어색한 책이다. 대신 자기 전문분야에서 올바른 가치관을 갖고 사람을 섬기는 데 최고가 되고 싶은 사람에게는 꼭 필요한 길잡이가 된다. 진솔한 삶이 묻어 있는 저자의 고백을 마음으로 따라가 보는 것만으로도 충분히 유익한 책이다.

〈마음으로 리드하라〉 저자, 삼성경제연구소 연구전문위원 **류지성**

2014년 11월 7일과 8일, 2박3일로 인천 송도컨벤시아에서 개최된 한국MDRT 회원의 날 행사장에서 나는 10여 년 만에 만난 여린 모습의 중년 여성을 만나서 감짝 놀라고 말았다. 지금으로부터 20년 전인 1994년 8월에 당시에는 이름도 생소한 외국계 생명보험회사인 푸르덴셜생명에 입사하여 라이프플래너로 첫걸음을 시작한 나는 4년째인 1998년에 처음으로 MDRT자격을 달성하여 시카고에서 개최된 MDRT Annual Meeting 에 참석하여 20년 이상 된 선배들을 만나서 교류하면서 금융인으로서의 자긍심을 크게 느낄 수 있었다.

몇 년후 한국의 MDRT 회원들이 소속 회사의 경계를 뛰어넘어 선후배 금융인으로서 서로 격려하면서 도움을 나눌 수 있도록 하기 위해, 2002년도에 같은 회사 동료였던 황훈선 씨를 초대협회장으로 추대하고 뜻을 같이 하는 몇몇 동료들과 한국MDRT협회를 창립하였고, 2004년에는 3대 협회장으로 봉사하게 된 것을 큰 영광으로 생각하고 있다.

지금의 최윤선 부사장을 만난 건 지금으로부터 10여 년 전 한국MDRT협회 초창기에 협회 사무국 직원으로 입사하여 정말 조용하게 맡은 일을 성실하게 했던 직원이었는데, 어느날 갑자기 금융업을 직접 하기 위해 그만 두고 나간다고 하기에 사실 이렇게 크게 성공하리라고는 생각하지 못하였다. 그런데 10여 년 만에 만난 그녀는 여린 여성의 모습은 변하지 않았지만, MDRT 회원이라면 누구나 꿈꾸는 TOT로서 우뚝 선 저자를 보고 깜짝 놀랐다. 박갑윤 대표에게 전해받은 책을 집에 가지고 와서 단숨에 읽고 난 후 나는 최 부사장의 성공이 결코 놀랄 일이 아니라는 것을 알게 되었다.

내가 금융업 일선에서 20년 이상 종사해오면서 탁월한 실적을 보여준 사람들이 많았지만, 세월이 지나면서 소리없이 업계에서 사라지는 것을 무수히 보아왔다. 그들은 대부분 돈을 좇아 왔다가 어려움을 극복하지 못하고 주저앉고 말았다. 하지만 최 부사장은 고객을 먼저 사랑하고 고객의 마음을 잡는 것을 누구보다 잘 실천하였기에 TOT가 되었고, 후배들에게 귀감이 되는 롤 모델로서 우뚝 서게 되었다고 생각한다.

이 책은 저자의 진솔한 삶의 이야기를 통해 TOT를 꿈구는 보험인이라면 과연 어떻게 해야 하는지를 잘 알려주고 있다. 독자들이 이 책을 읽고 난 후 자신만의 스토리를 만들어 제 2, 제3의 최윤선 TOT 와 같은 새로운 TOT로 탄생하는 계기가 되리라 믿는다.

한국MDRT협회 제3대 회장 **윤대원**

MDRT 란 쉽지 않은 자격이기에 누구나 달성하고픈 보험인들의 최고의 프라이드라고 할 수 있습니다. 특히 COT는 MDRT의 3배, TOT는 6배 이상의 실적을 달성해야 할 정도로 아무나 달성할 수 없는 기준이지요. 모든 금융분야를 통틀어 재무적 지식과 상담 능력, 그리고 고객에 대한 윤리적 신뢰성 등이 특별히 요구되는 조건의 지위이기도 합니다. 무엇보다도 TOT를 수년 간 달성했다면 국제적으로도 그 능력을 인정받고 있다고 할 수 있습니다.

저자 최윤선 씨는 MDRT 1회, COT 1회, TOT 7회를 포함해 MDRT를 총 9회 달성한 명실상부한 한국 최고의 재무설계사입니다. 하지만 이 책에선 화려한 업적을 내세우기 보단 최윤선 TOT의 많은 아픔과 상처를 솔직하게 밝히고 이를 하나하나 이겨낸 과정들을 신앙인으로서 숨김없이 소개한 것이 인상적입니다. 본인의 성공 모멘텀을 현실에서 찾아 왔다고 강조하는 저자의 속마음에서 의지와 노력, 열정이라는 최고의 반전이 숨어 있다는 점을 독자분들이 발견하며 이 글을 읽기를 권합니다. 마지막으로 진정한 업(業)을 진한 돈(惇)으로 승화시키고 있는 최윤선 TOT야 말로 이 시대의 진정한 리더임에 찬사를 보냅니다.

한국MDRT협회 제11대 회장 손교욱

3년 전 쯤으로 기억한다 . (주)National F.P.에 강연 초청을 받고 건물로 들어설때 계단 입구부터 들려오던 찬송가를 들으면서 같은 크리스천으로서 첫인상부터 마음의 평안을 얻었다고 할까. 강연을 하면서도 시종일관 진지한 표정으로 경청을 하던 여성이 바로 최윤선 TOT였다. 생명보험업계에서 프리미어리그라고 일컬어지는 MDRT에서도 여섯 배의 업적에 해당하는 TOT회원, 그야말로 최고 중의 최고의 자리를 그것도 7년 연속 달성하고 있는 최윤선 저자의 비결이 무엇일까?

이 책에서는 저자의 열정과 재정산업계에 대한 신념, 그리고 현재 (주)National F.P.의 부사장으로 사람을 소중히 여기고 현재에 더욱 몰입하고 충실할 때에만 최고의 실적이 나올수 있음을 다시 한번 증명해 보이고 있다.

이 책을 통해 생명보험업에 도전하는 많은 보험인들이 용기를 얻고 업의 본질과 태도, 긍정의 마인드를 다시 한번 가져보기를 조언드린다. 이 땅에 크리스천 재무설계를 통해 온전히 인생 설계를 하는 회사들이 넘쳐 나기를 바란다.

한국MDRT협회 제7대 회장 **원승현**

최윤선 부사장은 기본적으로 내성적이고 영업과는 거리가 있는 성품의 사람이다. 그런 사람이 어떤 가치로 어떻게 금융인이 되었는지를 알 수 있는 소중한 경험담이 담겨 있다.

나는 감히 고객중심적 가치관을 가진 진정한 MDRT회원이 읽어야 할 책이라고 말하고 싶다. 은행, 보험, 재무설계의 재정 전문가는 고도의 윤리의식이 필요한데 실상 한국의 영업인은 장삿꾼처럼 고객을 대하는 경우들이 많고, 윤리의식도 부족한 것이 사실이다.

최윤선 부사장은 이 책을 통해 기독교적인 세계관을 가지고 우리가 하는 일을 정말 솔직하게 풀어냈으며, 진정한 TOT로서의 모습을 보여주고, 높은 윤리의식과 섬김의 마음가짐으로 10년 동안 한결같이 살아온 것 같다. 혹 금융인으로서 은행, 보험, 재정전문가로서 그리고 각종 금융자격증을 갖고 고객에게 금융 상품을 권하는 사람으로서 자기의 일에 대한 확신과 동기부여가 필요하다면 자신 있게 이 책을 권한다.

한국MDRT협회 제12대 회장 **김동연**

세상에 수 많은 직업인들 중 자신의 업을 통하여 최고의 자리에 오른다는 것은 다른 이들과는 분명 다른 무엇이 있다는 의미일 것이다. 그 중에서도 영업의 길에서 최고의 자리에 오른다는 것은 오케스트라의 화음처럼 정말 치밀하게 모든 일에 있어서 균형과 조화가 있어야만 가능하리란 것을 잘 알고 있다. 최윤선 TOT는 분명 자신의 업에 대해 소명(Calling)을 받아 일하는 사람이다. 자신의 지혜보다는 하나님의 지혜를 구하고 자신의 이익보단 고객의 이익을 우선하는 체화된 자세로 보험업계 최고 중의 최고의 자리인 TOT를 연속해 나가고 있다. 이 책을 통해 그 비법과 그 만의 세계를 간접적이나마 경험하고 배울 수 있을 것이다.

한국MDRT협회 제8대 회장 신성호

최윤선 부사장은 내가 알고 있는 가장 지혜롭고 신앙심이 강한 사람 중의 한 사람입니다. 최 부사장과 첫만남은 한국MDRT협회 홍보직원 채용 면접을 봤을 때였습니다. 내성적이고 꼼꼼한 성격이어서 MDRT 사무국 직원으로 수행을 잘 할 것 같아 채용했던 기억이 납니다. 몇 년 후 FP가 되었다는 소식을 들었는데, 1년후 MDRT가 되었고, 그후 TOT가 되었다는 소식에 엄청놀랐습니다. 평범했던 사무직원이 어떤 가치로 FP가 되었는지, 어떻게 TOT가 되었는지 무척 알고 싶었습니다. FP의 진정한 경험을 바탕으로 한 그녀의 글은 읽는 모든 분들에게 깊은 영감과 성장을 줄 것이라 확신합니다.

한국MDRT협회 제5대 회장 현재호

나는 최윤선 부사장을 20년 넘게 가까이서 지켜 보았다. 내성적이면서도 사람을 섬기는 면이 탁월한 사람이고, 진실되고 맑은 영혼을 가진 사람, 아직 청년으로 부르고 싶은 사람이다. 그녀가 10년 전 하나님을 경외하며 진솔하고 담백한 성품의 사람으로서 강한 파도가 치는 금융비니지스의 망망대해를 향해 나아가도록 격려했을 때 나는 최윤선의 성공을 확신했다.

뒤늦게 20대 예수님을 영접한 최윤선 부사장은 기본적으로 자기관리가 잘 되는 성실한 사람이었지만, 영업이란 단어와는 거리가 있었다. 하지만 청년시절 그녀를 통해 인생의 변화를 경험한 사람이 많았고, 늘 사람을 세워주는 친절한 조언자였으며, 리더십 또한 탁월한 사람이었다.

그녀는 금융업계에서의 10여 년 동안 회사내에서 많은 사람을 섬겼고, 진실되게 사랑하면서 챙겨주고 기도해 주었다. 상상할 수 없을 만큼 훌륭한 내면적 태도를 갖고 있으며 여성의 섬세함과 하나님의 사람 다운 담대함은 그녀가 MDRT의 최고의 영예인 Top of the Table이라는 타이틀로 표현되기에 부족하다.

훌륭한 SM으로, 탁월한 지점장으로, 능력있는 경영인으로 TOT를 달성하면서도 1인 다역을 훌륭하게 수행하였다. 성실하고 꾸준하며 고객을 위하여 기도하고 최선을 다한다. 최윤선 부사장을 볼 때마다 한국의 토니고든이란 생각을 자주 해보게 된다.

가장 놀라운 것은 그녀는 많은 고객의 자산을 관리하는 동시에 많은 사람의 영혼을 관리한다. 최윤선 부사장이 가는 곳마다 재정습관의 변화가 있는 동시에 부부관계의 변화가 있기도 하고, 신혼부부의 관계도 개선하고, 결혼예비학교의 세미나를 주관하며, 성경적 재정 원칙의 탁월한 교사로 고객과 고객의 회사의 임원들과 고객의 자녀들도 섬기는 사람이다.

그녀는 수백억 원의 자산을 관리하면서도 타협이 아닌 정도의 길을 고수해왔다. 하나님의 사람으로서 믿음과 비니지스를 통합한 그리스도인 재정 상담가의 모임인 킹덤 어드바이저 (KingdomAdvisors)의 가장 적합한 롤 모델이라고 생각한다.

National FP 대표이사 **박갑윤**

감사의 글

　금융, 재무설계라는 직업을 가진 것에 늘 감사하다는 생각을 하고 있었지만 요즘 일어나는 여러 가지 금융업계의 좋지 않은 모습들을 볼 때면 이 업종에 무서운 면이 있다는 것을 새삼 깨닫게 된다.

　그러나 가장 무서운 것은 그 돈을 다루는 일을 돕는 FP 개인이 잘못된 가치관을 갖게 되면 가장 무서운 사람이 될 수 있다는 사실이다. 그래서 사람의 인격과 가치관이 얼마나 중요한지 날마다 각성하며 살게 된다.

　이번에 출간하게 된 책은 금융인으로서 금융에 관한 지식을 다루는 것이 아니다. 금융인이 되기까지 그 시작이 어떠했는지, 또한 금융인으로서 중요한 가치관이 무엇인지 생각하면서 지난 시간을 적어 내려간 인생일기장이라고 보면 될 것이다.

　워낙 우리네 일이 시간과의 싸움이다보니 준비하는 시간이 꽤 걸렸지만 그럼에도 책을 준비하면서 짧은 인생이나마 잠시 돌아보는 계기가 되었다. 그래서 이 지면을 빌어 짧게나마 감사의 마음을 전하고 싶다.

먼저 도저히 금융의 소질이 없어 보이는 최윤선에게 TOT라는 최고의 타이틀을 허락하신 하나님께 가장 감사하다. 내 금융인 인생에 있어 최고의 감사의 조건이기도 하다.

또한 금융인으로서의 자부심을 담은 TOT(TOP of the table) 타이틀과 동시에, 하나님께 비전을 품은 TOT(target on time) 라는 타이틀을 통해 중요한 가치관을 형성하도록 도와주신 故 배형규 목사님께 감사하며, 더불어 은혜샘물교회 박은조 목사님, 이찬형 목사님, 청풀 멤버들에게 무한 감사를 드린다.

부족한 자가 경영까지 하다 보니 많은 도움이 필요했는데, 현실적인 면에서 경영컨설팅으로 힘껏 도와주시는 권문영 이사님, 내 겐 정말 중요한 동역자인 National FP 대표인 박갑윤 사장님, 태어나는 순간부터 지금까지 넘치는 사랑을 부어주신 부모님과 절대적 외조로 돕는 남편 백승진 씨, 매일매일 기도로 동역해주는 현수와 수연, 늘 손발이 되어주는 고마운 사람 문희진 과장에게도 진심으로 감사드린다.

마지막으로 나라는 부족한 사람과 동역해주는 National FP 가족 여러분과 한결같은 사랑을 주시는 귀한 고객분들에게 진심으로 감사를 표한다.

2014년 가을 **최 윤 선**

contents

저... 진짜 TOT 맞습니다!

전 세계 금융인들의 최고 그룹이라고 할 수 있는 TOT(Top of the table)가 되고 얼마 지났을 때였다. 고객 중 한 분이 다급하게 전화를 걸어 왔다.

"지점장님! TOT인가? 그거 맞죠?"

"맞습니다. 왜 그러시는데요."

"아니, 우리 딸 아는 사람이 재무설계를 하는데 우리 집에 왔거든요. 마침 같은 분야에서 일하고 있길래 지점장님 얘길 했어요. 우리 집의 자산관리를 담당하고 계신 분이 지점장이면서 TOT라고 했더니 그 사람이 안 믿는 거예요."

"하하, 네. 그랬군요."

"네. 자기가 알기로 TOT가 되는 것도 하늘에 별 따기인데, TOT를 하면서 지점장까지 맡는다는 건 불가능하다구요. 하도 자신 있게 얘기하길래 내가 뭘 잘못 알았나 아님 속은 건 아닌가 궁금해서 전화해보는 거예요."

"그러셨군요. 저, 진짜 TOT 맞습니다. 정확히 확인되기 원하시면 MDRT협회 사이트에서 제 이름을 조회해보시면 나옵니다."

"그렇죠? 역시… 어쨌든 다행이에요."

그 고객은 진짜 TOT가 맞다는 말에 안심하며 전화를 끊었다. 그 후 그 FP는 내가 진짜 TOT면서 지점장까지 하고 있다는 사실을 알고 다시는 연락을 하지 않았다고 한다.

이 분과의 에피소드를 겪으며 생각했다. 누군가로부터 지점장은, 그리고 부사장은 TOT가 될 확률이 지극히 낮다는 얘기를 미리 들었다면 과연 TOT가 될 수 있었을까? 혹은 전 세계 금융인의 0.05% 정도만이 TOT가 된다는 사실을 알았더라면 그 부담감 때문에 TOT가 될 수 있었을까?

그러고 보면 모르는 것이 약이 되기도 한다. 나는 그 세계에 대해 아무 것도 모른 채 도전했고 하루하루 누군가를 만나는 즐거움으로 시작했다. 그저 주어진 목표에 성실하게 임한 결과로 얻어진 타이틀이라 그런지 더욱 감사하다.

최근 몇 년 동안 내 앞에 TOT라는 수식어가 계속 따라다닌다. 금융인들 사이에서 그 타이틀은 대단한 영광이라 여겨지지만 금융 재무쪽을 잘 모르는 이들에게는 생소한 말이다. 그래서 어떤 이들은 TOP, POT등 비슷한 단어를 조합하여 새로운 직업을 만들기도 한다. 그럼에도 금융쪽에 종사하는 이들에게 TOT는 어쨌든 도달하고 싶은 위치요, 가지고 싶은 타이틀이기에 오늘도 그 타이틀에 감사하며 살고 있다.

얼마 전 미국에서 자산관리사로 일하고 있는 론 앤더슨이란 사람이 우리 회사를 방문했다. 그는 킹덤 어드바이저(Kingdom Advisors)로 활동하고 있는 금융인으로 현직에서 활발히 활동하고 있는 사람이다. 킹덤 어드바이저는 전세계 백만불 원탁회의라 부르는 금융인들의 모임 MDRT(Million Dallar Round Table)를 뛰어넘는 능력을 가진 금융인 중에 크리스천 리더로 훈련된 금융인들을 말한다. 한마디로 크리스천이면서 재무관리에 뛰어난 능력을 발휘하는 훈련된 전문가인 셈이다.

이 킹덤 어드바이저의 면면은 무척 화려하다. 금융인으로 활동한 경력이 10년 이상 되면서 국제적인 자격증을 취득하는 등의 스펙이 따라와야 하는데 이들이 세계적으로 끼치는 영향력은 대단하다. 물론 관리하는 자산의 규모가 엄청나기 때문에 화려한 성과나 스펙이 눈에 들어오지만 그것만으로 그들의 영향력을 따지기엔 그들이 지닌 가치와 면면이 오히려 평가 절하된다. 그들은 돈을 돈으로만 바라보는 것이 아닌, 물질을 성경적 관점에서 바라보고 청지기로서 살아가도록 삶의 가치를 세워주는 컨설팅을 하고 있기 때문이다.

안타깝게도 우리나라엔 아직 킹덤 어드바이저들의 모임이 세워지지 않았지만, 이제라도 해야 하는 일이라 여기기에 론 앤더슨과의 만남은 더욱 소중했다. 영어 실력이 그리 뛰어나지 않은 탓에 깊은 이야기를 나누진 못했지만, 그에게서 풍겨져 나오는 품위와 권위, 겸손과 여유로움은 정말 닮고 싶은 그것이었다.

론 앤더슨을 통해 미국에는 8-90세가 넘도록 현역에서 일하고 있는 금융인들이 누구보다 훌륭히 자신의 분야를 개척해 나가고 계시다는 이야기를 들었다. 적지 않은 노장이 되어서도 당당하고 자유롭게 현역의 삶을 살고 있는 금융인의 이야기는 마음을 따뜻하게 했다.

더 도전이 되는 것은 그가 성경 말씀 안에 기준을 잡고 상담하고 있다는 것이었다. 성경적 재정 조언자로서, 고객의 파트너로서 말씀에 기준을 두고 영원의 관점에서 고객의 인생을 바라본다는 사실은 궁극적으로 내가 추구하고 있는 방향과 같았기에 더욱 공감이 되었다.

짧은 시간이지만 킹덤 어드바이저와의 만남은 강렬한 도전을 주었다. 앞으로 가야 할 방향에 좋은 길잡이를 만난 기쁨의 시간이었다. 또한 부사장이 되어 회사의 경영을 함께 해나가고 있는 내게 경영과 함께 고객을 위한 FP로 살아가는, 살아가야 할 확실한 이유가 되었다.

적지 않은 사람들이 나를 만나면 성공의 요건을 묻곤 한다. 어떤 사람은 어떻게 그 도달하기 어려운 타이틀을 얻게 되었는지 비결을 묻고, 어떤 사람은 뭐니뭐니해도 머니(money)가 최고라며 고액 연봉의 비결을 묻기도 한다. 그런데 그 질문의 이면에 담긴 직관적인 대답은 사실 해줄 수 없다. 가령 돈을 많이 벌려면 이렇게 해라, 이렇게 하면 고액의 FP가 될 수 있다는 식의 직관적인 대답을 해 줄 마음이 없다는 소리다.

조금은 김빠진 대답일 수도 있겠으나 돈은 물질에 지나지 않는다. 돈에는 영혼이 있지 않기 때문이다. 다만 그것을 다스리는 사람에게 어떤 영혼이 있느냐가 중요하다. 그러니 연봉 운운할 때면 돈의 근원이 되는 지혜를 먼저 깨달으라는 이야기를 해주곤 한다. 부(富)는 지혜로부터 시작된다. 성경에 등장하는 지혜의 아이콘, 솔로몬도 그 큰 왕국의 왕이 되었지만 하나님 앞에 가장 먼저 지혜를 구했다. 지혜가 부의 근원이 되고 지혜로부터 모든 것을 다스릴 수 있는 능력이 시작된다는 것을 알았기 때문이다.

내가 지금 성공이라는 두 글자를 쥐었다고 볼 수도 없고 그렇게 생각하지도 않지만, 할 수 있는 최선의 답은 이것이다. 자신이 진짜로 원하는 모습, 되기 원하는 모습인 비전(Vision)을 지혜롭게 좇아가는 것이다.

금융인의 길에 들어서면서 아니 그 이전부터 내가 그려간 비전은 사람을 세우는 것이었다. 나는 사람을 세우고 함께 유익한 가치를 전하는 것을 추구하며 살았다. 짧은 기간 롤러코스터같은 인생의 과정을 거치면서도 그 비전을 좇았고 감사하게도 사람들이 세워졌다.

이제는 금융인으로서 만난 많은 고객들이 부의 진정한 가치와 의미를 좇아가고, 금융인이 되고자 찾아온 이들은 단순히 재무 자산관리사로서가 아닌 인생을 온전히 설계하는 전문가로 세워져 가고 있다. 무엇보다 같은 비전을 품고 물질적 세상에 바른 가치와 유익을 전하는 삶을 공유한다는 은혜가 가장 큰 기쁨이라고 생각한다.

지금도 때때로 나와 같은 사람이 되고 싶다며 전화를 하고 찾아오는 사람들이 있다. 길 위에 서서 서성이는 모습이 안타깝기보다 아직 비전을 확실히 그리지 못하고 있는 그들을 돕고 싶다는 마음이 생긴다. 자신이 지닌 자산을 잘 지키고 더 많은 자산으로 불리고 싶다는 이들과 만날 땐 그들과 가치 있는 인생의 목표를 세우고 물질이 지혜롭게 쓰이도록 보탬을 주고 싶다.

목적이 뚜렷한 사람을 보면서 실질적인 도움을 주는 데 그치기보다, 그 사람 이면의 가치를 함께 찾고 비전을 세우게 되는 것은 한마디로 은혜다. 이 일을 하도록 인도하신 분의 본심이 아닐까 싶다.

지금부터 시작할 이야기는 돈에 관한 이야기다. 돈(帑), 한자로 찾아보니 우리네 인생과 닮아있는 한자의 의미가 많다. 동전이나 지폐로 대신하는 돈은 물론이고 도탑게 하려는 노력과, 태양이 이글거리듯 정열적인 모습의 뜻과, 때론 깨지고 부서지며 조아리는 시간을 의미하기도 한다. 삶의 과정과 닮아있다는 생각이 든다. 그래서 나는 이 스토리를 돈에 관한 스토리로 정했다.

수십 년 훌륭한 경력과 연륜을 가진 세계적인 금융인도 아닌 어찌 보면 - 그들의 기준으로 볼 때 - 경험은 일천하지만 하나님의 은혜로 실적을 쌓은 금융인의 이야기라 무척 조심스럽지만 그럼에도 용기를 내는 것은 길 위에 서성이고 있는 이들의 손을 잡아주고 싶은 마음 때문이다.

"돈 구경 실컷 했으면 좋겠어요. 돈… 웬수죠. 그래도 많을수록 좋잖아요."

이런 말로 삶의 고통을 대변하는 이들을 비롯하여 돈에 관심을 가진 모든 이들에게 정열과 부서짐, 가치를 도탑게 만드는 여러 가지 돈 구경을 실컷 시켜주고 싶다. 그래서 이야기를 마칠 즈음, 자신이 가장 갖고 싶은 여러 모양의 돈을 마음에 쥘 수 있다면 꽤 큰 선물이 아닐까.

1

꿈을 이루려면
돈! 하라

꿈은 저절로 이루어지는 게 아니다.
분명한 목표와 열정, 식지 않는 한결같음으로 점철된 꿈은
자석처럼 사람을 이끌어 간다.
그래서 꿈꾸는 사람은
도전하는 열정으로 끊임없이 목표를 향해 진 치며 노력하는
과정을 즐긴다.
그것이 바로 꿈이 주는 선물이다.

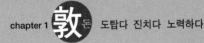

chapter 1 敦 돈 도탑다 진치다 노력하다

도탑다

진치다

노력하다

를 바라는

꿈을 이루려면 돈! 하라

1. 전 세계 금융인의 0.05% 안에 속하다

"최윤선 FP(Financial Planner)! 축하해. MDRT 멤버로 선정됐어."

국내 뿐 아니라 전 세계에서 활동하고 있는 모든 금융인들이 가장 들어가고 싶은 그룹인 MDRT(Million Dollar Round Table, **백만 불 원탁회의**)의 회원이 되었다는 소식은 내게 충격이었고 동시에 큰 영광이었다.

MDRT, 즉 백만 불 원탁회의란, 한마디로 백만 불 이상의 자산을 관리하고 있는 금융인들의 회의를 지칭하는 것이다. 그들을 통해 전 세계의 돈이 움직이고 있다고 봐도 무방한데 그 그룹의 회원이 되었다는 사실은 생각도 못한 일이었다.

　MDRT는 1927년 미국 테네시주의 멤피스에서 시작된 보험재정상담사들의 모임으로 이젠 전 세계 80개국에서 활동하는 4만 2천명의 금융인들의 모임이 되었다. 이 협회의 회원이 되는 조건은 무척 까다롭다. 해마다 영업실적에 따라 성적구분을 하고 그에 따른 연봉이 일정 수준을 넘어야 하며 고객으로부터 민원이 없는 등 여러 조건을 갖춘 사람만이 회원이 되기 때문이다.

　MDRT 협회는 해마다 전 세계 금융인들의 실적을 평가하여 회원 자격을 부여한다. 그 해의 회원을 선정할 때엔 초년도, 즉 작년 1년간의 실적을 바탕으로 실력과 실적, 고객의 민원 여부에 이르기까지 세세한 부분을 체크한 뒤 일정 기준에 부합한 사람에게 자격을 부여하는데 그 기준 금액이 상당한 수준이다. 또한 기준에 모두 합당해야 하므로 한 가지도 성과가 부족해서는 안 된다. MDRT 회원이 되는 것도 이처럼 까다로운데 이들의 실적 3배를 달성한 이들에게 주어지는 COT(Court of the Table), 가장 윗 단계인 TOT는 MDRT 실적 6배를 달성해야 자격이 주어진다. 그러니 그 위치까지 오르는 일이 녹록치 않은 게 현실이다. 그 첫 번째 관문인 MDRT 회원으로 내가 선정되었다니 상상도 못한 일이었다.

　"와… 상상도 못한 일인데, 불가능한 일이 가능하게 됐네요."

저절로 이런 말이 튀어나왔다. 아무 연고도 없이 뛰어든 이 일에서 큰 성과를 이뤘기 때문이다. 물론 세계적인 금융인으로서 자격이 주어졌다고 해서 달라진 건 아무것도 없었다. 어떤 동료들은 가지고 다니는 명함에 회원 배지라도 박아 놓으라고 성화였다.

"최윤선 FP, 그 자격 얻는 게 얼마나 힘든데, 마음껏 자랑하고 다녀."

슬쩍 자랑하고픈 마음이 동하기도 했지만 그러지 않았다. 오히려 이 타이틀이 현실에 안주하게 만드는 건 아닌지 우려가 되었다. 그래서 아무 일이 없다는 듯 일상으로 돌아왔다.

그렇게 일상에 충실하며 한 해가 지났을 때 또 다른 낭보가 들려왔다. COT 자격회원이 됐다는 소식이었다. 앞서 말했듯 MDRT 실적의 세 배 이상을 올렸을 때 주어지는 자격을 받은 것이다. 뒤이어 2008년에는 최고로 기쁜 소식을 접했다.

"축하합니다. 최윤선 TOT!"

금융인들의 최고 명예의 전당이라 할 수 있는 TOT 타이틀이 주어졌다.

"내가 TOT라고? 진짜야?"

믿기지 않는 일이 계속 벌어졌다. 실제 2008년 우리나라 금융인들 사이에서 TOT가 된 사람은 여섯 명에 불과했다. 잘 모르긴 해도 나를 제외한 분들은 오랜 시간 일에 기여하며 열심히 노력했을 것이다. 경륜도 부족하고 경험도 많지 않은 내겐 과분한 자리란 생각도 들었지만, 적은 인원 중 한 명이 되었다는 사실은 참 기쁜 소식이었다. 소속되어 있는 회사로서도 영광스런 일이었고, 개인적으로도 최고의 동기부여가 되었기 때문이다.

TOT라는 타이틀을 얻고 난 뒤 나는 조금 변했다. 일에 대해서는 공격적으로 변화되었고 사람에 대해서는 조심스러워졌다. 어찌 보면 명예뿐인 타이틀이지만, 우리나라보다 전 세계적으로 인정받는 금융인 타이틀에 걸맞는 인재가 되어야 한다는 사명감 때문이었다.

감사하게도 2008년 최고 금융인으로 선정된 이후 지금껏 한 해도 빠짐없이 그 타이틀을 이어오고 있다. 지금은 우리나라의 금융인이 많아지는 추세인데, 그 중 MDRT 회원은 1-2천 명 가량이다. 그리고 그 중에서 TOT는 2-40여명 안팎이니 해마다 최고의 경쟁률을 뚫고 가는 셈이다. 그럼에도 불구하고 나는 심각한 경쟁을 하고 있다고 생각하지 않는다. 그저 내게 주어진 길, 내가 해야 할 일, 더 나은 가치를 만들어가는 일을 할 뿐이다.

다만 TOT로서 뿌듯함을 느끼는 순간이 있긴 하다. 최근 들어 금융자산을 종합적으로 관리하려는 사람들이 늘어나면서 관리를 도와줄 전문가를 선정할 때 MDRT 회원 여부를 묻곤 한다. 그러면 나는 그 때서야 내가 TOT임을 밝힌다.

2. 5년차 FP, 기회의 급행열차에 올라타다

"최윤선 FP, 우리 좀 봅시다."

갑작스럽게 사장단 앞에 불려갔다. 그들은 대뜸 제안을 하나 내놓았다.

"SM 맡아볼 생각 없어요?"

"SM이라면 팀장이요? 아휴, 저는 지금 하는 일로도 복잡하고 바빠요. 그리고 전 아직 능력이 부족해서 때가 아닌 것 같습니다."

"그야 우리도 잘 알죠. 그래도 회사로서는 최윤선 FP가 팀장으로서 부지점장일을 해 줬으면 좋겠는데 꼭 해줬으면 좋겠어요. 생각해보고 하는 걸로 답을 줘요."

당시 나는 금융인으로서 첫발을 내디딘 회사에서 신입 FP 딱지를 뗀 뒤 초고속으로 늘어가는 고객을 관리해야 하는 TOT였다. 사장단에서 제안했던 SM(Sales Manager)이란 매니저의 의미로, 한 팀의 FP들을 조직하고 그들과 함께 프로젝트를 진행하며 성과를 올리는 리더의 역할을 의미했다. 그 당시 나는 다른 매니저가 지휘하는 팀에서 일하고 있었다. 그 팀의 멤버였고 팀 실적의 대부분을 맡고 있었기에 팀에서 비중이 상당했다. 늘어나는 고객을 감당하는 것이 버거울 정도로 분 단위로 스케줄을 조정하고 있을 때였는데, 본래 팀을 떠나 다른 팀을 꾸리는 일도 부담이었고, 더군다나 FP들을 관리하는 역할까지 해야 한다는 건 무리란 생각이 들었다. 또한 결혼한 이후 아이가 잘 생기지 않아 고민이 되려고 하던 참이었다.

"매니저는 좀 어려울 것 같습니다. 지금 제가 처한 상황이 그런 책임을 맡을 상황이 아니에요. 안되겠습니다."

결혼을 하고 가정을 가진 직장 여성이 아이를 갖는 일도 쉬운 일이 아닌데다가 많은 신입들을 돌아보며 임신부로서 조심하는 것이 자신이 없었다.

내가 의외로 강경하게 나서자 이번엔 사장단에서 난색이었다. 회사로서는 새로운 리더가 필요했고 적격자로 나를 지목한 것인데 내 쪽에서 고사를 하고 있으니 답답할 만도 했다.

그때 처음 금융인의 세계로 인도해준 선배가 나를 따로 불렀다. 그는 회사의 경영진으로 일하면서 누구보다 나를 응원해준 사람이었고 끊임없이 도전을 하도록 격려해 준 사람이었다. 또한 교회에서는 막역한 선후배 사이이기도 했다.

"네 뜻은 잘 알겠어. 그런데 넌 왜 생각해볼 시간도 갖지 않고 못하겠다고 말하는 거야? 충분히 생각해 보고 기도한 뒤에 결정해도 되잖아."

생각해보니 팀장을 맡는 것에 대해 충분히 생각할 시간을 갖지 않았다는 사실을 깨달았다. 아무것도 모르던 내가 FP의 세계로 입문하게 되었을 때, 생각에 생각을 거듭하고 뜻을 알기 위해 노력했던 때가 떠올랐다. 이 일이 맞는지, 진심으로 나를 향한 계획이 여기에 있는지 숙고하는 시간을 가졌고 확신이 생겼을 때 과감하게 선택했었던 사실이 떠올랐다. 뭔가 성급한 결정이란 생각이 들었다.

"알았어요. 생각하고 기도해 볼게요."

그날 이후 충분히 생각할 시간을 가지면서 고민했다. 금융인의 세계로 들어선 뒤 참 많은 변화가 일어났다. 직업이 바뀐 뒤 아무것도 모르던 신입 FP에서 최고 자격을 갖춘 금융인으로 성장했고 한 명도 없던 고객은 수천 명으로 늘어나 있었다. 과연 그 시점에서 회사에서 원하는 일을 맡는 것이 옳은 일인가, 고민을 하게 되었다. 선배로부터 왜 생각도 해보지 않고 안 된다고 말하느냐는 지적을 받은 뒤로 시작된 고민은 며칠을 이어갔다.

그런데 참 신기한 일이었다. 처음에 생각할 시간을 갖겠다고 말했을 때만 해도 그대로의 상태에 만족했다. 이미 마음속엔 나의 생각과 계획을 짜놓고 있었기 때문이다. 그런데 시간이 지날수록 주변에 하나 둘 사람들이 모이기 시작했다. 팀장으로 활동하라는 제안은 사장단과 나만이 알고 있는 일이었고 난 SM으로 나설 마음이 없었는데 사람들이 모여들었다. 그들은 FP로서 일해보고 싶다는 말을 하기도 하고, 고객을 통해 알게 된 어떤 이는 잘 다니던 직장을 그만두고라도 이 일을 해보고 싶다고도 했다. 더욱 이상한

지금도 그들은 새롭게 시작한 우리 회사의 중간 리더로서 없어서는 안 될 귀중한 인재들이 되어 있다.

기회는 스스로 다른 옷을 입고 찾아온다. 어떤 때에는 완행열차처럼 서서히 다가오기도 하지만 급행열차처럼 순간적으로 지나가기도 한다. 적절한 타이밍에 잘 올라탈 수 있으려면 그 기회가 어떤 옷을 입고 있는지, 스스로 돌아보고 자신에 대해 평가해보며 주변의 상황을 돌아봐야 한다.

평범한 FP에서 팀을 이끄는 리더로 서게 했던 기회 역시 다르지 않았다. 자칫하면 놓쳐버릴 급행열차와도 같았지만, 감사하게도 기도하는 시간을 통해 타이밍을 깨닫고 나와 주변을 돌아봄으로 망설임 없이 올라탈 수 있었다. 그로 인해 기회의 열차는 지금까지 멈추지 않고 운행되고 있다.

3. 최상의 자존심과 최고의 퍼포먼스

금융인으로 들어선 뒤 주변에 조바심을 갖는 이들을 많이 만나게 된다. 그들은 대부분 지금 자신이 하는 일에서가 아닌 다른 곳에서 뭔가 대단한 것이 있다고 생각하는 것 같다. 그리고 마치 파랑새를 찾아 헤매듯 이렇게 말한다.

"지금 하는 금융쪽 일과 다른 일을 겸하면 더 나아지지 않을까요?"

본인의 상황에 만족하지 못하기 때문에 계속 다른 일을 기웃거리기도 하고, 다른 데서 부를 찾을 수 있다는 기대를 하는 모습에 안타까운 마음이 든다. 그런 기대를 하는 이들에게 해주는 말은 늘 같다.

"본인이 선택한 지금 이 길에서 조금만 더 노력하세요. 지금보다 조금만 더 일하고 조금만 더 생각한 뒤에 얘기합시다."

현재에 처한 상황에 충실하지 못하면 어떤 것도 잘할 수 없다. 수많은 직장인들이 이직을 생각하는 것도 현실에 만족하지 않은 채 파랑새만 좇고 있기 때문이다. 다행히 나의 진심어린 충고를 이해한 이들은 재빨리 자신을 돌아보며 현재에 몰입하려고 애쓴다. 좀 더 자신이 처한 상황에 노력하고 그 결과 현재 순간에서 그 길을 찾는다. 새로운 부란 새로운 방법, 새로운 길에서 찾을 확률보다 조바심을 버리고 현재에 충실할 때 따라오기 때문이다.

어느 세일즈 트레이너 여성도 그런 경험을 했다. 꽤 잘 나가는 강사였지만 정작 자산 상담을 해 보니 부실한 부분이 있었고, 그녀 역시 늘 빠듯하다고 느끼고 있었다. 그때 그녀의 자산을 상담해준 전문가는 그녀의 일상에서 '은행의 기조연설'이란 수입원을 발견했다.

"이 기조연설은 어떤 주제를 가지고 강의를 합니까?"

"매주 은행에 가서 은행원들을 상대로 세일즈 기법에 대한 내용을 강의하는 겁니다."

"은행에서 어떤 강의를 원하는 것이죠? 원하는 커리큘럼이 있을 텐데요."

"그러고 보니 정말 그들이 뭘 원하는지 모르고 있었네요. 전 그저 제가 할 강의만 하고 왔네요."

그 전문가는 그녀에게 이런 강의를 더 개발하되 의뢰한 측의 필요(needs)에 맞는 강의 내용으로 재편성할 것을 건의했다. 그래서 그녀는 자신의 브로셔를 작성하여 다른 은행에 보내는 등 은행을 대상으로 한 강의 설계를 다시 했다. 은행담당자를 통해 자신이 연설하고자 했던 것의 목표가 무엇이며, 각 부서가 처한 문제와 강의를 듣는 이들이 어떤 문제를 가지고, 강의를 통해 어떤 것을 얻고자 하는지 알 수 있었다. 따라서 그녀는 연간 트레이닝 프로그램을 적용한 제안서로 새로운 수입원을 창출할 수 있었다. 물론 다른 은행에서도 호응이 있어서 결과적으로 그녀는 그 당시 버는 수입보다 15배나 더 많은 수입을 창출하게 되었다.

이처럼 부는 새로운 우물을 파야 생기는 것이 아니다. 자신이 처한 상황, 현재에 더욱 몰입하고 충실할 때 최고의 퍼포먼스가 일어나고 그것이 새로운 부의 창출로 이어진다.

꽤 오랜 기간을 돌고 돌아 금융인이 되었지만 내가 한 가지 자부하는 것은 현재에 충실했다는 것이다. 금융인의 삶을 선택한 이후로 단 한 번도 다른 일에 기웃거리지 않았다. 처음엔 다른 이들과 마찬가지로 고전을 면치 못했다. 남들처럼 추진력이 강해서 안면도 없는 사람을 고객으로 만드는 용기는 애당초 있지도 않았고 어떻게든 면피는 해야겠기에 전전긍긍할 때도 있었다. 궁여지책으로 주변의 소개를 받는데 주력하는 시간도 있었다.

'내가 과연 이 회사에 필요한 존재가 되기나 할까? 나로 인해 회사가 어려워지면 어떡하지?'

처음엔 이런 폐를 끼치면 어쩌나 걱정을 많이 했던 것 같다. 그로 인한 스트레스도 상당했다. 그러나 성과라는 것이 하루 만에 뚝딱 이루어지지 않는 법, 기다림과 집중이 필요했다. 나와 비슷한 처지의 직원도 없었다. 입사년도는 같았어도 다른 직원들의 스펙은 화려했고 인맥도 좋았다.

무척 부러웠지만 좌절하진 않았다. 대신 폐나 끼치지 말자는 심정으로 열심히 공부하고 부지런히 사람을 만나러 다녔다. 그렇게 나를 무조건 도와주겠다는 친구 여섯 명을 통해 고객 관리를 시작할 수 있게 되었다. 그들이 고객을 소개시켜주고, 소개받은 분이 자신의 친인척을 소개해주는 등 마치 마인드맵처럼 인맥이 뻗어나갔다.

"내가 아는 사람인데요, 재무상담을 받으면 좋을 것 같아서요. 그 사람한테도 연락해서 말해 놓을 테니 한 번 만나보실래요?"

일부러 고객 쪽에서 연락을 해오기도 했다. 그러다 보니 하루 종일 스케줄이 없어 빈둥거리며 시간을 보내던 처음과 180도 달라진 삶이 되었다.

그렇게 몇 개월쯤 흘렀을 때였다.

"자, 다음 달부터 우리 회사 내 MVP를 매달 선정할 겁니다. 여러분 모두 선전해 주시기 바랍니다."

회사 내에 MVP 선정 제도가 생겨났을 때, 나는 어느덧 초보 FP에서 갓 벗어났고 조금씩 앞서 나갔다. 고객은 수십 명에서 백여 명으로 늘어났고 그들의 전화번호와 함께 신상이나 자산운용 포트폴리오는 거의 외우고 다녔다. 고객에게만 집중한 시간이었다. 회사 내 MVP 제도는 먼 나라 이야기처럼 들렸다. 그런데 놀라운 결과가 나왔다.

"우리 회사에서 처음으로 선정된 이번 달 MVP는 최윤선 FP입니다."

"뭐? 최윤선 FP? 말도 안 돼!"

어떤 직원들은 내가 MVP가 되었단 말을 믿지 못했다. 대놓고 무시하는 반응이라고 생각할 수도 있었지만, 사실 나도 1등이 될 거란 생각을 못했기에 이해할 수 있었다.

"와, 정말 축하해. 최윤선 FP, 한 건 했구나."

동료 선배들의 진심어린 격려와 칭찬이 이어졌다. 어떤 동료는 이 소식을 듣고 내게 와서 솔직한 심정을 털어 놓기도 했다.

"최윤선 씨! 사실 처음 입사했을 때 금융업계 아무런 스펙도 없는 사람을 뽑아서 의아했어. 게다가 말 한마디도 안하고 있길래, 뭐 저런 사람을 우리 회사 첫 FP로 뽑았나 불만을 터트렸는데 내가 사과할게. 그동안 최윤선 씨한테 말도 안 걸고 무시했던 거 미안해."

이런 반응들은 큰 힘이 되었다. 내 자신에게도 이런 성과는 자존감을 한층 더 높여준 계기가 되었다. 회사에 폐만 끼치지 않았으면 좋겠다고 여긴 소심한 사람에서 회사에 득이 되는 사람, 유익이 되는 사람으로 이어지고 싶다는 목표가 생긴 것이다.

MVP 제도가 생기고 난 다음 달 실적 1위가 된 이후부터 계속 MVP를 받았다. 최고의 실적을 냈다는 것으로 달라질 건 아무것도 없었다. 회사에서도 격려와 약간의 포상을 할 뿐, 모든 일은 개개인의 몫이었고 개인의 목표와 성취 욕구에 달린 문제였다. MVP에 선정되었을 때 회사에서는 나의 성과에 대한 분석을 이렇게 해주었다.

"실적을 많이 올렸다고 해서 성과를 높이 평가하는 게 아닙니다. 최윤선 FP의 실적을 보면 한 달 EMIP 500 이상의 실적을 올렸는데, 그 속엔 수십 명의 고객이 함께 움직이고 있습니다. 고액 연봉자나 큰 자산가 한 사람으로 그 목표를 달성시킨 것과는 의미가 다릅니다. 그만큼 열심히 뛰어다녔다는 증거입니다."

금융인의 길로 들어선 뒤 처음으로 성취감이라는 것을 확실히 느낄 수 있었다. 영업을 하다보면 고액 고객도 필요하지만 그보다 더 중요한 건 꾸준히 고객이 늘어나도록 하고 관리하는 것인데, 그 단계를 성실히 밟아가고 있다는 사실을 인정받은 것이기 때문이다.

감사하게도 처음 MVP로 선정된 이후 한 번도 놓치지 않고 최고의 성과를 내는 주인공이 되었다. 우리의 일이 절대적인 기준이 있는 것이 아니기에 다른 이들과 상대적인 비교를 해가며 자신의 위치를 파악하게 되는 것도 사실이다. 어떤 사람들은 이런 시스템에 스트레스를 받기도 하지만 나는 그렇지 않았다. 그저 선의의 경쟁이라고 받아들인 뒤 묵묵히 일했다. 아마도 그런 담담함이 오히려 좋은 성과로 이어진 것이 아닐까 생각한다.

내게 있어 최고 실적, 1등이란 자리는 궁극적인 지향점이 아니었다. 그 생각은 10년이 지난 지금까지도 변함이 없다. 그저 나의 도움이 필요한 고객에게 고개 돌리지 않으며 할 수 있는 한 최선을 다해 객관적이고 효율적으로 돕는 역할을 한다는 마음으로 일에 임하다보니 더 자유로워진 것 같다.

신기한 것은 최고의 실적을 계속 이룰 수 없을 때에도 실적으로 이어질 만한 상황이 주어졌다는 사실이다. 한번은 어머니가 병원에 입원하게 된 때가 있었다. 간호할 사람이 마땅치 않아 내가 간호를 맡게 되었다. 그러다보니 거의 한 달 가까이 병원에서 지내게 되었는데, 어떤 고객으로부터 소개를 받은 분이 연락을 해 오셨다.

"정말 죄송한데요. 제가 회사에 있지 않습니다. 수고스러우시겠지만 병원 근처로 와주실 수 있으신가요?"

당시 병실을 비울 수 없는 상황이던 나는 무척 죄송했지만 병원으로 찾아와주실 순 없는지 부탁을 드렸다. 그런데 그분은 감사하게도 음료수까지 사들고 병원을 찾아왔다. 어머니의 병문안도 하면서 휴게실로 가서 상담을 했고, 그 뒤 몇 차례 더 병원으로 찾아와 고마운 고객이 되었다.

도저히 상담을 할 수 없는 상황에서 단체 고객 상담이 들어온 적도 있었다. 개인적으로 힘든 상황을 겪고 있을 때였다. 금융인으로서의 본질도 잊을 만큼 힘든 상황이었는데, 고객 한 분이 AS를 부탁하셨기에 거절할 수가 없어 잠깐 짬을 내어 고객과 만났다. 공교롭게도 캐주얼 차림으로 고객 앞에 나설 수밖에 없는 상황이었는데 고객은 흔쾌히 이해를 해 주며 상담을 했고, 오히려 본인의 직장 신우회에서 내 힘든 상황에 대해 기도를 해 주겠다고 하셨다. 그리고는 얼마 뒤 자신의 회사로 날 초대하여 직원들과 단체 상담을 주선했다. 그렇게 한꺼번에 고객 상담이 이루어진 덕분에 좋은 성과를 내기도 했다.

또 한번은 쓰러져서 병원에 실려 갔을 때였다. 당시 하루에 10명이 넘는 고객을 만나고 어떤 날은 16명까지 만난 날이 있을 정도로 고객 만나는 일에 치여 살 때였다. 그러다가 여러 가지 일이 겹치면서 세브란스 병원 심혈관센터로 실려 가게 되었다.

"요즘 많이 피곤하셨어요? 하루 잠은 몇 시간이나 자요?"

"두 시간 정도요?"

"네? 두 시간? 그 정도 자는 게 가능해요? 어떤 일 하시는데요?"

그때는 극도로 피곤했던 터라 말하는 것조차 힘들었다. 피로감이 몰려오다 보니 사람 만나는 일도 피하게 되었고 의사들도 서서히 내 눈치를 보며 물어보길 꺼렸다. 3주를 입원해 있다 보니 그달은 일을 하지 못한 채 병원에서 보냈다. 조급한 마음은 들지 않았다. 실적이 궁극적인 목표가 아니었기에 그저 흘러가는 상황에 맡기기로 했다. 그런데 어느 날 간호과장님이 들어왔다. 여기 저기 살펴보더니 조심스레 이야기를 꺼내셨다.

"말씀하시는 거 살펴보니 금융인 같으시던데, 맞나요?"

"네."

"말씀하시는 거 힘들어 하는 줄 알지만 제가 뭐하나 물어봐도 될까요?"

"그렇게 하세요."

말인즉 옆방에 모 투자주식회사 회장님이 입원해 계시는데 간호과장에게 뭔가를 물어보셨다고 했다. 그것에 대해 대답을 드리기 위해 내게 조언을 구하러 온 것이었다. 아마도 내가 금융인이란 사실을 미리 알고 대답을 들어오기로 한 듯 했다. 그 성의가 고마워 최선을 다해 조언을 해 드렸다. 얼마 뒤 간호과장님은 무척 밝은 표정으로 돌아와 고마움을 전했다.

"실은 제가 재무 상담을 받아보고 싶었는데 마땅한 분이 없었거든요. 저희 부부가 뭘 좀 준비하고 있는데 상담을 부탁해도 될까요?"

"그렇게 하세요. 제게 도움도 많이 주셨는데 도울 수 있었으면 좋겠네요."

3주를 병원에서 보내고 퇴원했을 때 그 달의 실적은 거의 없었다. 마음을 비우고 마지막 주 월요일에 간호과장님 부부와 만났는데, 급속도로 일이 진행되었다. 비뇨기과원장인 남편과 간호과장인 부인. 부부의 자산관리를 그 자리에서 맡게 되면서 정말 신기하게 실적을 내게 되었고 결국 MVP를 차지하게 된 것이다.

"뭐야, 이번에도 최윤선 FP가 또 1등이야?"

동료들의 이런 반응에 미안한 마음도 있었지만 그렇다고 할 수 있는 일을 안 할 수는 없는 법이다. 최고의 실적은 그렇게 내게 행운처럼, 선물처럼 이어졌고 그로 인한 트로피는 지금 나의 사무실 천장을 뚫고 나갈 기세로 쌓여있다.

분명한 것은 지금도 난 최고의 실적을 내기 위해 일하지 않는다. 물론 좋은 성적을 싫어할 사람이 누가 있겠냐마는 적어도 실적만을 위해 뛰는 것이 궁극적인 지향점이 아니라는 것이다. 그저 내가 생각하는 일, 즉 진정한 업(業)을 실행하며 최선을 다하는 것이다. 그것이 내가 선택한 일에 대한 예의요, 나의 자존심을 지키는 거라 생각한다. 그러니 고객의 삶을 이해하고 그들의 현재와 미래에 도움을 줄 수 있는 인생 설계사로서 일에 최선을 다하다보면 성과는 당연히 따라온다고 생각한다. 결론은 같지만 무엇이 먼저인지는 매우 중요하다. 그래서 최고의 성과가 우선이 아닌 업이 우선인 삶, 그 삶이 결국 10년간 금융인으로서 최고의 자존심을 지켜주었다.

4. 부를 이루는 열정은 아름답다

TOT 라고 소개를 받을 때 이 분야에 대해 알만한 이들의 솔직한 반응은 두 가지로 나뉘곤 한다. 한 부류는 TOT쯤 되었으니 상당한 물질적 대우를 받을 거란 생각에 부러워하는 이들이 있고, 또한 부류는 어떻게 그 많은 고객들을 상대했으며 지금까지 지속적으로 관리하는지 궁금해 한다. 먼저 첫 번째 부류의 사람들에 대한 물음에 대한 나의 대답은 나는 그리 큰 부자가 아니라는 사실이다. 일반 샐러리맨들 보다야 높은 연봉을 받는 건 사실이지만 나의 속사정을 모르는 이들이 생각하는 만큼 부유한 삶을 살고 있지는 않다. 나름의 속사정이 있고 지향하는 바가 있기 때문이다.

그런데 두 번째 부류의 사람들에게는 해주고 싶은 말이 있다. 그들은 나의 타이틀을 물질로만 바라보는 게 아니기에 오히려 애틋함이 간다. 수천 명의 고객과 만나고 짧고 긴 인연을 맺으며 관리한다는 것은 그만큼의 직업의식, 달리 말하면 소명의식이 수반되어야 한다. 열정이 없으면 불가능한 일이다. 금융인으로 들어선 이후, 물론 작은 슬럼프와 마음이 상하는 일들은 수없이 당했지만, 그래도 그 기저에 흐르는 일에 대한 열정은 식지 않았다고 자부한다.

한 명의 고객도 없이 들어선 금융인의 길에, 나의 능력을 미심쩍어 했을지언정 일이 싫지는 않았다. 그러다가 한두 명 고객이 생겨나고 나름의 시행착오를 겪으면서 고객은 고객 이상의 의미가 되었다. 애당초 고객으로 접근하지 않고 일의 동반자, 삶을 나누는 지인으로 다가서려고 했던 까닭에 그들의 삶을 들여다보고 스토리를 공유하며 느끼게 되는 희열과 열정은 남달랐다. 그래서 나는 사람 부자가 되는 것이 무척 행복했다.

고객이 백 오십 명이 넘었을 때까지 그들의 신상은 물론 전화번호와 기본인적 사항까지 달달 외우고 다닐 정도로 사람에 대한 열정이 컸다. 그 후 수백 명, 수천 명으로 늘어나면서 기억의 용량이란 게 있다 보니 이제 기계나 자료에 의존하게 되었지만 기본적으로 사람에 대한 관심은 일에 대한 열정과 맞물려 끊임없이 나를 자극했다. 그 열정이 최고의 성과를 내게 했고 많은 이들이 부러워하는 타이틀까지 얻게 해 줬으니 나의 열정에 감사한다.

소설로 전 세계인들의 감성을 들었다 놨다 하는 스티븐 킹은 자신이 쓴 책으로 수백만 달러의 수입을 올리는 세기의 작가이다. 사람들은 그가 부를 만들어내기까지 무척 고난스럽게 창작의 열을 올릴 것이라 생각한다. 물론 소설가라는 직업이 선천적으로 가지고 있는 창작의 고통은 있겠지만 많은 이들이 생각하는 것처럼 고통스럽게 하루하루를 버티지 않았다고 한다. 실제 그는 아침이 되면 자신이 좋아하는 헤비메탈 음악을 틀고 열정적으로 작품을 구상한다고 한다. 게다가 그는 자신이 쓰는 작품에 대해 '나의 장난감 트럭'이라 부르고 즐기며 일하고 또 돈을 번다는 것이다.

역사 이래 가장 위대한 팝 아티스트라 불리는 앤디 워홀 역시 자신이 사랑하는 일을 하며 즐겼고 돈을 벌었다. 그는 '돈을 버는 것은 예술이고 일도 예술이며 좋은 사업을 하는 것도 예술이다.'라는 명언을 남길 만큼 모든 일을 예술선상에서 놓고 즐겼다.

명예의 전당에 오른 전직 쿼터백 프란 타켄트도 '재미를 느끼지 못한다면 제대로 하는 것이 아니다.'라고 말하지 않았던가. 그러고 보면 소위 돈 많은 이들의 삶이라고 해서 고통스럽거나 눈물겹지 않다. 오히려 삶을 열정적으로 이어갈 뿐이다. 그들의 삶에 대한 열정적인 태도는 존중받을 가치가 있고 인정하고 싶어진다.

지금까지 만난 고객이 8천여 명이 넘는다는 내용의 인터뷰 기사가 여러 매체에 나가면서 사람들은 사뭇 걱정 어린 눈빛을 보낸다.

"그 많은 고객들과 다 만나서 관리하려면 얼마나 힘드세요. 사람 만나는 것도 대단한 스트레스인데다 비위 다 맞추려면 힘들거 아니에요."

틀린 말은 아니다. 물론 바이오리듬이 떨어질 때나 피로할 때는 전화로 만나는 일조차 힘이 들기도 한다. 그러나 내 자신을 끌고 가는 열정이 있기에 멈출 수 없다. 하는 일에 대한 재미, 그 재미가 있으니 바이오리듬이 깨져서 힘이 들어도 거뜬히 넘길 수 있다. 더불어 만나는 이들에게서 받는 열정적 에너지가 합쳐지지 않았더라면 재미는 배가되지 않았을 것이다.

나의 고객들은 다양한 계층과 연령으로 분포되어 있다. 한번은

은 소리를 하는 그런 일은 아예 시도조차 하지 않았다. 사람들은 싸움 구경이 재미있다고 하지만, 나는 싸움을 보는 것도 싫어하고 직접 당사자가 되는 건 더더욱 싫었다. 그런데 살다보니 예기치 않게 싸워야 하는 순간이 다가오기도 하더란 말이다. 특히 사회 생활에서 치고받는 것만이 싸움이 아니고 선이 되게 하기 위해 기꺼이 싸우는 삶을 선택해야 할 때가 온다는 것도 깨닫게 되었다.

신입 FP 시절의 일이다. 새로 입사한 회사의 직원들 사이에서 뭔가 불만이 생겼었나 보다. 어느 조직에나 경영진에 대한 불만족스러움은 존재하기 마련이다. 내가 속한 조직에서도 불만의 소리가 하나둘 터져 나오기 시작했다.

원래 사람은 부정적인 감정에 이끌리는 존재이기에 긍정적 심리보다 부정적 심리에 동요하게 되어 있다. 인간에게 죄성이 있기 때문이다. 여기저기에서 불평이 스멀스멀 나올 즈음 나는 한참 FP라는 명함을 달고 분투하고 있었다. 막연하게만 느껴지던 일도 조금씩 적응을 해가고 고맙게도 고객이 제 발로 걸어와 고객이 되어주는 등 간신히 바닥에서 올라오고 있을 때였다. 그렇다고 눈치가 없던 건 아니다. 사내의 쑥덕거림을 모르지 않았지만 그저 눈 감고 귀 닫고 있었다.

그러던 어느 날, 드디어 선배님들이 내게 정식으로 이야기를 건넸다.

"윤선 FP, 당신은 왜 우리 대화에 안 끼어드는 거야?"

"네? 별로 그러고 싶지 않아서요."

"자기가 잘 모르고 있는데 따지고 보면 윤선 씨가 제일 손해보고 있어. 자기 같이 일 잘하는 FP들한테 제일 불리하다니까."

말인즉슨 자기들이 불평을 논하는 자리에 논객으로 끼워주겠다는 것이었다. 은근히 자기편 한 사람이 더 늘어날 것을 기대한 것 같다. 하지만 나는 단호히 생각을 밝혔다.

"저는 그 제도가 FP들에게 무조건 불리하다고 생각하지 않아요. 그래도 정 불만이 있으면 싫은 사람이 떠나는 게 맞다고 생각해요. 직접 가서 담판을 짓던가요."

"뭐어? 자긴 어떻게 그렇게 회사 편에서만 말할 수 있어?"

"회사편인 게 아니라, 어차피 이 회사는 FP들에 의해 움직이는 회사인데 그렇게 나쁜 제도라면 직원들 모두 들고 일어서지 않겠어요? 그런데 그것도 아니잖아요. 정 싫으면 직접 사장이 되던가, 저 같으면 조용히 더 나은 조건을 제시하는 회사로 옮길 것 같아요."

이런 반박을 하자 불만을 터뜨리던 소수의 사람들은 그 후 다시는 불만을 털어놓지 않았다. 일반적으로 사람들이 모인 곳 특히 회사란 곳은 불평불만이 없을 수 없다. 더군다나 돈을 중심으로 움직이는 회사에서는 늘 이런 저런 말이 나오기 마련이다. 그러나 부정적인 면에만 집중하다 보면 좋은 점은 그냥 묻히기 마련이다. 좋은 점만 보면서 살아도 부족한 세상이다. 그 당시 나의 기준에서 회사의 노선은 충분히 수용해야 한다고 생각했고, 직원들의 입장을 충분히 배려하고 있다고 판단했다. 적어도 내 입장에서는 그랬다.

체질적으로 싸움을 싫어하는 나는 가능한 한 타협과 조율을 통해 일을 해결하자는 주의지만 그렇다고 무조건 조직에 순종만 하며 지냈던 것은 아니다. 앞서 말했듯이 싸워야 할 때라는 깨달음이 왔을 땐 확실히 싸웠다.

팀장으로 부지점장 위치에 오르게 되고 뒤이어 더 많은 이들을 관리해야 하는 지점장이 되면서, 중간 관리자로서 조직과 직원과의 조화를 위해 지혜가 필요했다. FP로 생활할 때는 오히려 조직을 이해하려고 노력하는 등 조직을 바로 세우는 문화에 동참했지만 리더가 되니 작은 소리에도 귀 기울여야 한다는 것을 깨달았다. 그것이 리더의 역할이었다.

지점장이 되어 FP들을 교육하고 매니지먼트를 하게 되었을 때 이런 저런 말이 들려왔다. 신입시절 쑥덕거렸던 소수의 사람들이 있었던 것처럼 사람들이 모인 곳, 게다가 그 사람들이 돈을 다루고 있는 경우 작은 것 하나에도 예민하게 반응했다. 그러다보니 이런 불만 저런 불만의 소리가 들려왔다. 불만의 스펙트럼은 굉장히 넓어서 회사의 경영 문제부터 직원 관리, 하다못해 직원 편애까지 참으로 다양했다. 역시 사람끼리 부딪히며 일하는 공간이다 보니 어쩔 수 없는 일이었다.

가끔은 혼자 수용하고 이해하는 차원을 벗어나기도 했다. 어떤 때는 직원의 대표로서 대표 목소리를 내야 했고, 어떤 때는 회사의 입장이 되어 직원들을 이해시켜야 했다. 그러나 불편한 일이 벌어지면 일단 내 선에서 해결하는 게 맞다고 여겨 우선 대화를 시도했다. 다행히 팀원들 대부분 내가 교육을 시켰던 직원들이었기에 나와는 유대관계가 좋았다. 그들과 만나면 스스럼없이 속을 터놓을 수 있을 때까지 충분히 이야기하며 원하는 바를 들었다.

"지금 가장 큰 문제가 뭐라고 생각하세요? 어떤 점이 해결되면 좋겠어요?"

"딱히 원하는 게 있다기보다 왠지 다른 FP에 비해 소외되고 있다는 생각 때문에 일에 능률이 오르지 않아요."

그와 이야기하는 동안 원하는 바를 정확히 알 수 있었다. 그는 관심을 원했고, 회사에서 인정받기를 원했던 것이다. 결국은 사랑이 필요한 사람이었다. 이런 경우 내가 해야 할 역할은 분명해진다. 관리자요, 중간 리더자로서 그의 마음을 위로해주고 격려해주며 티 나지 않게 돕는 일이다.

그러나 회사 경영이나 제도에 불만을 가지고 있을 때는 잘 판단해야 한다. 이미 경영자 측의 마인드도 알고 있고, 직원들의 입장도 이해하고 있었기에 중간에서 조율을 잘 해야 했다. 어떤 사안은 내가 신입 때 느꼈던 기분이 들게 만들었다. 누가 봐도 직원들을 배려한 처우임에도 불구하고 자신에게 불리하다고 불만을 비치면 끝까지 설득했다.

"잘 들어보세요. 제가 볼 때 이 사안은 분명히 회사 측에서 직원들을 배려한 일이에요. 결과적으로 이해득실을 따져보면 금방 답이 나올 거예요."

결국 그런 진심이 통해 직원들의 마음이 풀리면 그렇게 후련할수가 없었다. 물론 선이라는 것은 종이 한 장 차이여서 보는 것에 따라 기준이 바뀌기도 한다. 어떤 때는 직원이 아닌 회사와 싸워야 할 때도 있었다.

한번은 FP들 사이에서 불만의 목소리가 커지기 시작했다. 회사의 규모가 커지고 다각화되면서 어느 순간 암묵적으로 특정 상품에 치중되는 재무설계를 해야 할 때가 있었다. 또한 당시 사장단이 판매중지를 원했던 상품도 있었다. 원래 종합자산관리사로 시작한 회사였고 모든 금융상품을 객관적으로 취급해야 하는 입장에서 여러 가지로 불편한 현실이었다. 직원들의 불편을 충분히 이해할 수 있었고, 기업의 정신에도 어긋난다는 판단이 들었다. 모두가 수긍할 수 있는 일에 내가 총대를 메기로 했다. 그 길로 경영진과 독대를 요구했다. 사장단도 꽤 놀라는 눈치였다. 그동안 별말

없이 관리자로서 잘 지내던 내가 만나자고 했으니 그럴 만도 했다.

"사장님, 지금 직원들의 불만이 많습니다. 알고 계십니까?"

나는 그동안 직원들에게서 들은 내용을 모두 털어놓았고 시정을 요구했다. 경영진은 난감해 했다. 그도 그럴 것이 모르는 사실은 아니었지만, 회사 사정상 그 분위기를 고수할 수밖에 없었기 때문이다. 경영진은 오히려 내게 직원들을 다독거려줬으면 좋겠다는 마음을 전했다.

"회사 사정은 충분히 이해할 수 있지만, 결국 그것은 애초부터 우리 회사가 지향했던 바가 아니고 FP들은 현장에서 어려움을 겪고 있습니다. 그럼 저희 팀이 회사에서 원하는 실적을 내겠습니다. 그리고 다른 부분에서 문제가 없다고 증명해 보이겠습니다. 그러고 나면 직원들이 자유롭게 일할 수 있게 해 주시겠습니까?"

아마도 경영진은 그 결연함에 손을 들었던 것 같다. 물론 꽤 부담되는 실적이었지만 불가능한 수치는 아니었다. 나는 그 사실을 FP들에게 전했고, 그 달 있는 힘껏 노력한 결과 목적 달성에 성공했다. 결국 그 일은 그렇게 해결할 수 있었다.

금융인으로 접어들고 강산도 변한다는 세월을 지나면서 이제 경영자의 위치에 올랐다. 지금은 조직원의 소리 하나하나를 예전과 같은 위치에서 듣지 못한다. 그들과 일일이 대면하면서 일하기보다 또다시 세워질 리더에게 위임하는 시간을 가지고 있기 때문이다. 그럼에도 불구하고 나는 싸움을 원하고 불사하며 조직의 문화를 일궈나가야 한다고 생각한다. 물론 그 싸움은 합력하여 선이되는 싸움이다. 이제는 경영진이 되었기에 어쩌면 신입 FP 시절처럼 소수의 사람들이 쑥덕거리던 불만까지 접수하긴 힘들겠지만, 그래도 소통해야 한다고 생각한다. 어떤 이들은 열의 아홉이 아닌한 사람을 위해 시간을 소모하지 말라고, 그냥 무시하라고도 하지만 작은 목소리에도 귀를 기울이고 싶다.

지점장이 되었을 때 나를 통해 교육을 받던 후배 FP가 내게 와서 이런 말을 했었다.

"지점장님, 관리자에 오르셨지만 더 바빠지신다고 해도 FP들과의 약속은 잊지 말아 주세요."

처음 얼마 동안은 그 말이 그렇게 서운하고 화가 날 수 없었다. 그래도 나름 사람들의 작은 목소리까지 기울인다고 했고, 짧은 수면시간까지 쪼개어가며 한 사람 한 사람 살핀다고 살폈는데, 혹시라도 약속을 어길까 불안해하고 확인하는 모습이 여간 서운한 게아니었다. 그러나 단 몇 분 뒤에 마음이 바뀌었다. 그런 직언을 할수 있는 상사가 바로 나라는 사실에 감사하기로 했다.

'그래, 혹시라도 내가 변할까봐 직언을 한 거야. 나는 변하지 말라고 후배들이 해주는 말이다. 그의 진심을 새기자. 가능한 그들의 작은 목소리에도 귀기울이는 예민한 리더가 되자.'

이런 결심으로 지점장 생활을 시작했던 기억이 난다. 지금도 그 마음엔 변함이 없다. 좀 더 예민한 눈으로 한 사람 한 사람을 지켜보려 한다. 그리고 조직에 대한 불만이 감지되면 이렇게 요구하고 싶다.

"옳다고 생각되면, 그 옳다는 것이 많은 사람들을 유익하게 만드는 사안이라면 건강하게 싸우세요. 그래서 조직의 건강한 문화를 세우세요."

6. 새로운 회사로의 발돋움, National FP

"우리, 회사를 세워 함께 경영해 보자."

나를 금융인으로 이끌어준 선배, 같은 회사에서 일하며 도움을 주던 선배의 제안은 갑작스러웠지만 새삼 놀라거나 당황스럽지만은 않았다. 이미 누구랄 것도 없이 새로운 체계를 갖춘 회사를 생각하고 있었고, 그 필요성을 느끼고 있었기 때문이다.

금융인으로서 처음 들어가게 된 회사는 나를 성장시켜주었고 최고가 될 수 있는 발판을 마련해 주었다. 그곳에서 최윤선은 최윤선 FP로 성장했고 TOT의 영광도 얻을 수 있었다. 말하자면 성장일기를 쓴 곳이었다.

그런데 회사라는 곳이 이익집단이다 보니 생각하던 방향과 다르게 갈 때도 있었다. 물론 부지점장을 시작으로 리더의 역할을 맡을 때부터 조금씩 내 목소리를 내기 시작했고, 그 후 지점장, 본부장 역할을 맡으며 분명한 목소리를 냈다. 조직이 원하는 것과 조직원이 원하는 것의 차이점이 생길 때면 때론 조직의 입장을 대변하고, 때론 조직원의 입장을 대변하는 일을 맡았다. 그러나 나로서도 납득하기 힘든 부분을 조직이 요구할 때 회의가 드는 것은 어쩔 수 없었다. 회사에서 이익을 생각한 나머지 내게 받아들이기 힘든 요구를 할 때는 딜(deal)을 하기도 했다. 힘든 요구 대신 실적을 더 내서 회사에 이윤을 창출하겠다는 협상이었다. 그럼에도 불구하고 회사의 전반적인 분위기는 점점 원하는 방향으로 흘러가지 않았다. 특히 재무관리를 하는 데 위험하다고 생각되는 부분을 그대로 유지하려는 데에서 이견이 좁혀지지 않았다. 그 틈은 좀처럼 메울 수 있을 것 같지 않았다.

결국 나와 선배는 재무컨설팅 팀을 새롭게 꾸미기로 결정했다. 그렇게 해서 독립회사를 세우기로 했지만 한편으로는 마음이 편치 않았다. 사실 그때, 나는 좀 편해지고 싶었다. 워낙 바쁘게 살아왔고 하루 2-3시간 이상 자 본 적이 없을 정도로 살았던 터라 이젠 좀 느슨하게 살고 싶던 때였다. 그런데 바람과는 달리 새로운 환경이 열렸고 생각지도 않은 공동경영자의 위치에 서게 된 것이다.

그렇게 2011년 National FP가 탄생되었다. 전문재무 컨설팅 팀으로 독립을 제안했던 선배와 내가 공동투자 방식으로 회사를 설립했고 공동경영자가 되었다. 과연 잘할 수 있을지 걱정이 밀려왔다. 현장에서 일하는 직원과 경영자의 위치는 무척 다를 텐데 그 역할을 잘 감당할 수 있을지, 무엇보다 이전 회사에서 느낀 경영의 아쉬운 부분을 만회할 수 있을지 두려웠다.

'과연 좋은 회사를 세울 수 있을까?'

고민이 되었다. 지금까지 살아오면서 내가 경영진이 되어 회사를 운영하겠다는 생각을 한 번도 해본 적이 없었기 때문이다. 그런데 두려움이 생기면서도 새롭게 시작하고자 하는 종합금융컨설팅 회사에 대한 가치를 생각하고 있는 나를 발견하게 되었다.

그저 지금껏 나의 길을 예비하셨고 그 길에 굽이굽이 불빛을 적절히 비춰주시는 분께 기도하는 마음으로 나아갔다. 그러다보니 이 회사를 왜 새롭게 시작했는지, 회사가 추구하는 가치에 대해서는 확신이 있었다.

우리는 수많은 재무관리 관련 회사들과는 조금 다르게 운영되길 희망했다. 회사라는 조직이 이윤을 내지 않을 수는 없기 때문에 이윤추구를 하는 것과 동시에 고객들에게 재무에 대한 인식을 좀 더 유익하게 바꿔놓는 데 최종 목표를 두었다. 그렇게 회사가 지향하는 바가 정해졌다. 이것은 회사가 추구하는 가치이면서 동시에 나에게도 금융인으로서 살아가는 가치이자 사명이었다.

'우리는 성경의 원리를 깨달은 재정전문가로서 고객에게 물질 중심이 아닌 하나님 나라의 가치를 전하는 사람이 된다.'

'우리는 앞으로 온전한 컨설팅 fee(수당) 정착을 위해 고객들의 재무를 관리하며, 철저히 고객위주의 금융상품으로 포트폴리오를 구성한다.'

'우리는 고객의 삶의 목표를 함께 공유하고, 비전을 성취해 나가는 동반자로서 일을 한다.'

'고객들의 재무관리를 돕되 하나님의 주도권을 인정하도록 돕는 데 힘쓴다.'

이렇게 회사가 추구하는 가치와 사명을 개인적으로도 추구하는 목표로 세웠다. 회사를 시작하며 고객에게 더 나은 서비스를 제공하고 물질에 치중한 가치관보다 물질의 관리를 통해 그것을 총괄하는 보이지 않는 손, 그분의 뜻하심을 인정하는 것을 깨닫기 원하는 것과 함께 사람을 키우는 데에 더욱 거룩한 욕심이 생겼다. 물론 이전의 회사에서도 팀을 이끌고 팀원들을 키웠지만 이젠 관리자로서 사람을 세우고 키우는 일에 사명감이 생긴 것이다. 이곳을 통해 들어오고 나가는 FP들을 올바르게 세우겠다는 마음이 컸고 그것이 개인적인 목표의 중요한 부분을 차지했다.

그렇게 National FP는 크리스천 마인드가 중심에 흐르는 종합

금융컨설팅 회사이자 전문적인 금융인의 공동체로서 업무를 시작했다. 나는 부사장 겸 지점장의 역할을 맡았다.

이전 회사에 있을 때보다 몸은 더욱 고되었다. 회사를 런칭하고 경영진으로서 해야 할 일도 있고 현업까지 겸하고 있으니, 몸이 세 개라도 모자랄 때가 많았다. 그때마다 20여 년 전의 나를 떠올렸다. 한창 잘 나가던 내가 완전히 세상으로 내몰리던 때가 있었다. 상상하지도 못할 빚을 떠안고 사회 초년생 햇병아리로 일하면서 벼룩의 간처럼 적은 월급조차 이자를 갚는 데 몽땅 부어야 했다. 그렇다고 비참하거나 죽을 것처럼 절망적이지 않았다. 가족을 위해 하는 일이었고, 또 신앙을 통해 삶의 희망을 붙잡고 있었기에 꿋꿋이 일하며 버텼다. 빚의 압박이 심하여 투잡, 쓰리잡까지 뛰며 일해야 했지만, 그럼에도 해낼 수 있었던 것은 특유의 책임의식과 근성, 긍정마인드 때문이었던 것 같다. 지금 생각해 보면 남보다 좋은 체력도 아니었고 깡다구도 딱히 없었던 것 같은데 그 시간들을 버텨낸 걸 보면 대견하다. 그런 때도 있었는데 지금은 훨씬 나아진 거라고 생각하면서 웃으며 일어설 수 있었다.

기존의 둥지를 벗어나 새로운 일을 하는 데에는 명분과 결단을 필요로 한다. 역사를 살펴볼 때 명분은 목숨처럼 소중했다. 명분 없는 싸움은 진흙탕 싸움이 되었고 많은 이들의 공감을 불러일으키지 못하기 때문이다.

새로운 시작에 있어서도 명분이 중요하다. 회사에서 분리되어 나와 독립할 때 우리는 새로운 가치를 창출하고 물질에만 국한된 것이 아닌 물질을 지휘하는 하나님의 가치까지 전달하는 기업이 필요하다고 생각했다. 결국 그 가치가 이 사회, 나아가 전 세계인들의 물질을 바라보는 마인드를 변화시킬 수 있다는 확신이 있었기 때문이다.

명분이 세워지면 실행에 옮겨야 한다. 실행, 두 음절의 단어가 단순하게 생각되지만 막상 실행에 옮기는 게 얼마나 어려운 일인지 알고 있다. 잘 될까? 안 될까? 실수하는 건 아닐까? 남들은 어떻게 생각할까? 이런 별의별 생각과 감정이 실행의 발목을 잡기 때문이다. 오죽하면 〈세상에서 가장 위대한 세일즈맨〉을 쓴 오그 만디노도 이렇게 말했을까.

'나는 지금 행동한다. 나는 지금 행동한다. 나는 지금 행동한다. 숨 쉬는 것처럼 습관적으로 될 때까지 날마다 매 시간마다 이 말을 반복한다. 그러면 그 뒤에 이어지는 행동은 눈을 깜빡이는 것처럼 자연스럽게 발생한다. 이 말의 반복으로 성공하기 위한 모든 행동을 이끌어내도록 나는 마인드 컨트롤을 한다. 나는 지금 행동한다. 이 말을 반복하고 또 반복한다. 나는 실패한 사람들이 두려워하는 길을 간다. 실패한 사람들이 쉴 때 나는 일한다. 나는 지금 당장 행동한다. 내가 가진 것이라곤 지금이 전부이기 때문이다.

내일은 게으른 사람들에게나 존재하는 것이다. 나는 게으르지 않다. 내일은 실패한 사람들이 성공하는 날이다. 성공은 기다려주지 않는다. 내가 미루면 성공은 다른 사람에게 넘어가고 나에게는 영원히 돌아오지 않을 것이다. 지금이 그때이다. 지금은 그곳이다. 내가 바로 그 사람이다.'

하나님은 그 결단을 내릴 수 있도록 용기를 주셨고 행동하도록 도우셨다. 결국 National FP가 탄생되었고 우리가 세운 목표를 향해 작지만 힘찬 걸음을 내디딜 수 있었다.

7. 4가지 핵심 가치, 4C ; 4 Core Value

종합금융컨설팅 회사를 세우기로 한 뒤 사무실을 어디로 정하는 것이 좋을지를 고민할 때였다. 독립해서 새로운 회사를 설립하는 것이고 비용적인 면에서 많은 부담이 있었기에 사무실 임대에 특히 민감했다.

'지원을 해주는 쪽으로 선택할까?' 함께 창업하는 대표와 여러 궁리를 했다. 수천, 수만 가지 보험 금융계의 상품을 취급하는 종합자산관리사였지만, 고객의 자산관리를 하다보면 유독 집중하게 되는 회사의 상품들이 있기 마련이다. 많은 이들의 선택을 받은 상품을 좋은 상품이라 할 수 있을 것인데 자주 이용되는 상품을 갖춘 회사에서는 우리 같은 자산관리사에 지원을 하기도 했다.

독립할 즈음에도 사무실로 고민하고 있을 때 모 회사에서 그런 지원을 해주겠다고 나섰다. 한 달에 수천만 원을 지불해야 하는 강남의 사무실을 선뜻 지원하겠다는 것이었다. 우리로서는 더없이 감사한 일이었다. 그런데 막상 가서 보니 한 가지 문제가 있었다. 사무실은 훌륭했으나 외부와는 꽉 막혀 있다는 점이 흠이었다. 가뜩이나 공기에 민감한 나도 그렇고 FP들의 건강관리에 특히 신경을 써야 하는 입장에서 그 공간을 선택하는 게 많이 부담스러웠다.

"아무래도 여긴 좀 곤란하겠어요. 가뜩이나 기관지염으로 고생하는 FP들이 많은데, 여기로 오면 더 고생할 것 같은데요?"

우리의 의견은 일치했기에 그 제안에는 정중히 거절했다. 그리고 가장 적합한 장소를 찾았다. 위치도 적절했고, 새로 시작하는 자산관리 회사로서 깨끗한 이미지를 강조할 수 있는 분위기였다. 다만 고가의 월세를 내야 한다는 사실이 부담이었고 게다가 그 건물로 들어오려는 경쟁사들이 생기는 상황이 되었다. 우리는 기도했다.

'지금 저희가 부담을 안고 이 사무실을 계약하려고 합니다. 바라건대 이 건물의 대표가 누군지 모르지만 그분과도 좋은 관계를

맺을 수 있도록 도와주십시오.'

막연한 기도였지만 하나님의 놀라운 역사는 그때부터 시작되었다. 나중에 알게 된 사실은 우리 회사 건물이 국내 최고의 글로벌 모바일 서비스의 선두주자인 카카오톡과 코코네코리아 대표의 건물이었다는 것이었고, 그가 우리 회사의 중요한 고객이 되었다는 사실이다. 우리는 사무실과 고객을 동시에 얻은 셈이다. 가능할 것 같지 않은 일이 일어나고 만날 수 없을 것 같은 사람을 만나게 되는 등 National FP의 시작은 처음부터 특별한 인도하심이 있었다.

회사를 설립한 뒤 예전에 비해 분위기는 많이 자유로웠다. FP들이 상담을 하는 데 있어 어떤 제약도 없었으며, 함께 예배를 드리는 가운데 마인드의 긍정적인 변화도 일어났다. 조금 더 깨끗한 금융회사로서 바른 문화를 추구하려는 의지가 강해진 것이다. 물론 회사 분위기를 기독교 신앙의 기초에 두었지만 신앙적 색깔을 일까지 연관시키는 일에는 신중을 기울였다. 고객 중엔 비기독인도 있었고 신앙이란 말에 대해 거부감부터 갖는 사람들도 있었기에 그들을 함께 수용하기 위해서는 지혜가 필요했다.

다만, 나의 개인적인 시간은 많이 사라졌다. 이전까지는 FP와 부지점장으로서 조직에 속해 있으면 되었지만 이젠 공동경영자로 일선에 나서야 했기 때문이다. 부사장이란 직함을 얻고 한편으로는 경영을, 또 한편으론 현업을 뛰며 계속 실적을 유지해야 했기에 예전보다 더 바빠진 것은 자명했고 그만큼 책임감도 커졌다.

경영진으로서 제일 먼저 해야 할 일은 회사의 정체성을 바로 세우는 일이었다. 우리 회사가 가진 색깔은 돈을 다루는 종합금융컨설팅업체로, 선한 청지기가 되어 하나님이 허락하신 물질을 잘 관리하는 일을 돕는 것이다.

청지기가 누구인가, 어떤 집의 재산과 살림을 맡아 주인의 뜻대로 잘 관리하는 사람을 말한다. 한마디로 물질을 허락한 주체이신 하나님을 인정하고 그 물질을 하나님이 원하시는 뜻에 맞게 잘 사용하고 관리하는 사람이다. 그렇다면 회사 역시 고객들을 상대할 때 선한 청지기가 되어 고객의 자산을 지혜롭게 관리하고 고객의 마음이 흡족하도록, 아니 그 이상의 성과를 보여주어야 한다. 그렇게 신실하고 충성스런 수고가 있을 때 고객은 회사를 신뢰할 것이고 고객과 함께 그 열매의 맛을 볼 것이다.

우리는 적어도 실적에만 눈 돌리는 계산적인 기업은 지양했다. 실적, 성과만 치중하다보면 부당함을 봐도 눈을 감아야 하고 부정적인 편법에도 익숙해질 수 있다. 잘못된 것이 편안하게 느껴지는 순간 그 기업은 병든다. 그런 의미에서 우리 회사는 4가지 핵심가치(Core Value)를 정했다.

※ 4C ※

Calling / 부르심

National FP의 직원과 Financial Planner로서 믿을 수 없을 만큼 영향력 있는 자리로 부르심을 우리는 Calling이라 부른다.

Character / 성품

한 개인의 개성과 성품이라기 보다 하나님의 완전한 성품에 나를 긴급히 맞추는 능력을 우리는 Character라 한다.

Capability / 실력

다른 사람을 섬기기 위하여 주어진 임무를 완수하고 관계를 형성하는 기술과 능력을 우리는 Capability라고 한다.

Commissioning / 위임

부르심, 성품, 실력을 최종 통합하여 효력있게 하는 핵심가치로써 나에게 리더가 필요함을 인정하며 위임받은 직무를 충실히 수행하는 것을 우리는 Commissioning 이라고 한다.

어떻게 보면 추상적인 내용일 수 있지만 우리는 고객을 위한 금융컨설팅을 하되, 철저히 청지기 정신을 가지고 고객 스스로 물질을 관리하도록 하고, 결국 그들도 청지기라는 사실을 인정하도록 방향을 잡았다.

National FP의 시작은 우리와 기업의 뜻에 공감하는 창립 멤버들이 주축을 이루었다. 아침 7시에 모이면 예배로 하루를 시작했고 각자의 정보를 나누었으며 그날의 증시, 금융정보를 나누면서 서로 도움을 주고받으며 충분히 공감했다. 물론 회사가 추구하는 비전을 상기하는 일도 잊지 않았다.

"고객님, 이번에 저희 재무컨설팅팀이 National FP 이름으로 새롭게 독립하게 됐습니다. 그래서 말씀드리는 건데요, 회사 구조가 바뀌었지만 고객님의 자산관리는 전혀 변동사항이 없습니다. 고객들의 내용 그대로 잘 관리할 수 있습니다. 하지만 회사 때문에 조금이라도 불안하시다면 말씀해 주세요."

"불안하기는요? 회사도 좋은 취지로 서는 것 같아 더 믿음이 가고 무엇보다 최윤선이란 사람을 신뢰하니 계속 잘 관리해 주세요."

고객들은 최윤선과 더불어 우리의 가치관을 신뢰해 주셨다. 나는 그로 인해 더욱 책임감 있게 고객을 관리해야 하는 사명감이 생겼다. 게다가 고객 쪽에서 계속 고객을 소개해 주는 등 소개가 이어졌기에 회사 창립 과정에서 고객으로 인해 힘든 일은 거의 없었다.

문제는 회사를 새롭게 이끌 새로운 인재의 영입에 있었다. 인사가 만사라는 말이 있듯이 사람이 주체가 되는 일은 어떤 사람이 들어오느냐에 따라 성과에 큰 차이가 있다.

우리 회사가 새롭게 시작되었다는 소식이 업계에 퍼지면서 꽤 많은 이들이 찾아왔다. 특별히 공개채용을 한 것도 아니었기에 그때그때 채용을 진행하곤 했는데 국내 유수의 금융기관에서 함께 일하겠다며 찾아온 사람도 있었고, 현업에서 활발히 뛰고 있는 이들도 있었다. 그러나 우리에게 필요한 건 일반적인 스펙이 아니었다.

어떤 생각을 가지고 사는 사람인지, 어떤 삶을 살고 있는지, 앞으로 어떤 가치를 실현하며 나가고 싶은지, 긍정적인 마인드를 가지고 있는지 사람됨을 먼저 살폈다. 안타깝게도 소위 성공했다는 소리를 들었다는 지원자들에게도 우리의 가치관과 맞지 않는다고 생각되면 과감히 함께 일할 수 없음을 통보했다.

우리 회사가 추구하는 인재상은 재정설계와 자산관리라는 컨설팅을 통해 사람을 세우고 가치를 나누며 본인의 비전과 고객의 비전을 함께 이뤄가는 사람이었다. 그저 자신의 자리에서 물리적인 임무만 채우고 보상을 받는 사람이 아니었다. 아무리 스펙이 뛰어난 인재라 하더라도 가치관과 비전을 공유할 수 없는 이들은 조직에 들어오지 않는 게 맞았다.

사실 내가 처음 금융인의 길로 들어섰을 때 아무것도 모르는 초짜였고, '보험은 피해야 할 것, 보험 하는 사람은 믿지 말 것'이란 선입견이 무척 강했다. 그럼에도 막상 일을 시작한 뒤엔 생각이 바뀌었다. 일을 통해 나보다 상대방이 유익해질 수 있는 길을 찾으려 했고, 비전을 공감하고 공유하고 가능한 끌고 밀어줄 수 있는 사람이 될 수 있다고 생각했다. 물론 아무것도 모르고 시작했다는 불리함도 있었지만 어쨌든 지향하는 바가 있었기에 오늘에 이를 수 있었다. 그리고 그렇게 생각하기에 우리 회사에 들어오는 인재들도 그러길 바랐다.

그러다보니 금융인들 사이에 National FP는 입사하기 까다로운 회사라는 이미지가 생겼다. 그러나 결국 우리 회사만의 차별화된 인재상을 다음과 같이 선별할 수 있었다.

- 남의 덕을 보려고 하는 것이 아니라 자기 덕을 남이 보는 것에 즐거움이 있는 사람
- 이기적인 태도보다 배려하고 섬기며, 재능을 개발해 탁월한 삶을 살고 싶은 사람
- 남의 것을 자기 것으로 여기지 않는 청지기 정신을 가진 사람
- 계약을 위해 부정적 편법을 쓰지 않고 고객을 존중하는 진실한 사람
- 종합자산관리사가 되기 위해 평생 학습할 열의가 있는 사람
- 단번에 많은 돈을 벌고 떠나는 것이 아닌 FP로서 오랫동안 고객을 섬기고 비전과 꿈을 이루고 싶은 사람
- 최소한 MDRT가 되고자 하며 나아가서 고객 수의 증가에 따라 전문 자격을 갖추며 TOT를 꿈꾸는 사람

이러한 기준에 의해 선발하게 된 인재는 지금 우리 National FP 라는 회사의 주축이 되고 있으며 앞으로도 그런 인재를 찾아 기업의 문화를 세워가고 싶다.

회사의 정체성 확립과 인재를 확보하는 일과 더불어 한 가지 큰 고민거리가 있었다. 막상 중간관리자에서 경영진이 되고 보니 직접적인 회사 경영에 관여해야 한다는 것이었다. 경영진이라면 합리적인 경영, 효율적인 경영을 고민해야 하는데 돈이 움직이는 기업이다 보니 경영에서도 돈에 민감할 수밖에 없었다.

"세금 신고를 어떻게 할까요?"

금융컨설팅에 있어 최근 관심사로 떠오르는 게 세금 문제인 것처럼 회사도 마찬가지다. 우리 회사는 금융을 다루는 곳이기에 세금 문제는 전문적인 지식 기반을 갖춘 전문가들로 포진되어 있다. 그리하여 경영을 휘청거리게 만드는 세금문제도 해결할 부분이 있었다. 이 부분에 대해 회사 대표와도 고민을 나누었지만 우리 경영진이 내린 결론은 정도(正道)를 걷자는 것이었다. 값싼 편법과 싸우는 대신 정의가 더욱 막강하다는 사실을 믿고 나아갔기에 오히려 그 시간을 편법에 허비하지 말고 바르게 일하는 데 쏟기로 했다. 올바른 도를 세우는 데에는 희생도 필요하고 때론 출혈도 있지만, 세상의 안이함과 싸우고 편리함과 싸우면서 얻게 되는 평안함이 있었다. 정직에 대한 자부심, 떳떳함과 당당함을 무기로 삼고 있음에 감사함, 그럼에도 혹시 잘못하고 있는 부분은 없는지 끊임없이 되돌아보는 세심함으로 귀한 것을 찾아가는 여정을 걷고 있다.

8. ChA 이름값 하면서 삽시다

우리 회사는 1년에 한 번 고객 응대 프로그램인 RP(Role-playing) 테스트를 한다. 나는 그 테스트를 무척 중요하게 생각하는데, 어느 날 신입 FP가 RP 테스트를 하는 것을 보게 되었다. 그 신입 FP는 경력이 얼마 되지 않았는데 아주 능숙해서 놀라움을 샀다. 대부분 FP들이 고객과의 첫 만남에서 저지르기 쉬운 실수를 잘 피해가며 지혜롭게 고객과의 응대를 열어가고 있었다.

'어? 아주 자연스러운데? 저 이야기는 내가 자주 하는 말인데······.'

내가 봐도 별다르게 지적할 부분이 없어 보였다. 내심 흐뭇한 마음을 숨기지 못하고 칭찬을 하며 격려해 주었는데 그 FP가 이런 말을 보탰다.

"제가 부사장님의 면담 내용을 녹음했어요. 수천 명 고객을 관리하시는 경험자로서 뭔가 다른 것 같아서 배우고 싶은 마음에 녹음해서 집에 가서 들었습니다. 그게 정말 큰 도움이 됐어요."

이렇듯 시키지도 않은 일을 알아서 하는 후배들을 보면 왜 그렇게 흐뭇하고 뿌듯한지 모르겠다. 이 후배처럼 남모를 연습과 노력을 기울이는 FP는 쭉쭉 성장하고 있다.

FP들이 가장 두려워하는 게 무엇일까? 금융상품에 대한 이해? 금융시장 분석? 아니다. 고객과 만나는 일을 가장 두려워한다. 만나야 일이 성사되는 사람들이 무슨 소린가 싶겠지만, 실제 고객을 만나 응대하고 그들에게 원하는 바를 찾아내고 그 필요를 충족시키는 일은 녹록한 일은 아니다. 그래서 FP로 들어선 순간 금융지식 금융상품에 대한 공부는 기본으로 하되 고객 응대는 필수적으로 연구해야 하는 부분이기도 하다.

최윤선 아카데미!

일명 'ChA 과정'이라 불리는 이 과정은 기업을 시작하면서 신설한 교육이기도 하다. 전문직에 종사하는 이들, 특히 FP 일을 하는 사람들에게 아카데미 과정은 중요한 교육의 하나가 된다. National FP를 설립하고 분주한 날이 계속되면서 치중한 부분은 FP의 전문적 교육이었다.

처음 금융인의 길로 들어선 것이 거의 서른 즈음이었는데 그때 들어간 회사는 전문 인력들이 모여 새롭게 만든 재정전문회사였다. 대부분 전문 인력, 말하자면 보험회사나 증권회사 등에서 일하던 인력들이 자산관리를 시작했기에 일에 대해 아무것도 모르는 사람은 나 혼자 뿐이었다. 그때 정말 죽어라 공부했던 기억이 난다. 교육이 그때처럼 그리웠던 때도 없었던 것 같다. 당장 일에 투입되어야 했기에 시간이 넉넉한 것도 아니었다. 그저 일을 해내야 했기에 공부하며 치열하게 버텼다. 그럼에도 불구하고 고객을 만날 때 어떻게 해야 할지 알려주는 이들은 없었다. 그저 맨땅에 헤딩하듯 부딪히며 배워가란 식이었기에 답답함도 많았다.

난 FP로서 가장 좋은 공부는 고객을 통한 학습이라고 생각한다. 책으로 하는 공부는 잘 잊혀지지만, 고객의 질문을 받고 알게된 지식은 평생 기억에 남기 때문이다. FP로의 첫 시작은 고객을 이해하는 것에서 시작된다. 그래야 고객의 일을 나의 일처럼 생각하게 되고 그 모습을 통해 고객의 마음이 열리고 FP를 믿게 된다. 이것이 내 고객이 되는 과정이라고 생각한다. 그래서 이러한 능력을 이룰 수 있는 현실적인 교육을 만들어 보고 싶었다.

그렇게 최윤선 아카데미 교육 과정이 시작되었다. 사실 이 과정을 만드는 과정 내내 분주했다. 현업에서 일하고 있었던 나로서는 수천 명에 달하는 고객 관리부터, 맡은 강의까지 소화해야 했고, 회사 경영에 신입 교육까지 맡고 있으니 그야말로 시간을 쪼개고 또 쪼개야 했다.

"부사장님, 내일 ChA 교육 있습니다."

"내일? 알았어요."

바로 다음 날로 잡혀있는 아카데미 교육을 위한 커리큘럼과 강의 내용은 전날 작성되었다. 일반적인 업무를 마쳐야 했기에 밤 11-12시까지 업무를 마감하고, 그 다음날 새벽 6시까지 강의 자료를 준비하며 교육과정을 만들어갔다. 덕분에 사무실의 불은 밤새도록 꺼지지 않는 날이 많았다.

다음 날 아침 최윤선 아카데미 과정은 차질 없이 진행되었다. FP들의 초롱초롱한 눈빛을 바라보면서 작지만 내가 가진 노하우를 나누는 일은 참 감동이고 은혜라는 생각이 들었다. 하나라도 더 배우려는 그들의 자세는 강의하는 내게 힘이 되었다.

최윤선 아카데미는 FP로서 갖춰야 할 자세와 영업인으로서 가져야 할 스킬 등 가능한 실전에서 느낀 바와 이론을 접목시킨 아카데미 과정이다. 특히 고객과의 만남, 롤플레잉이라 불리는 RP는 아카데미의 중요한 부분을 차지한다. 첫 만남을 통해 지속적인 인연을 이어갈지 여부가 결정되기 때문이다. 이 교육 과정을 시작하면서 나는 할 수 있는 한 많은 경험과 노하우를 주겠다고 생각했다. 물론 나의 방법이 최상의 방법이 아닐 수도 있다. 그러나 그들보다 훨씬 더 많은 고객과 만나고 많은 시행착오와 실패를 통해 얻은 살아있는 실전 스킬이라고 생각했기에 과감하게 시도했다.

"자, 여러분! 지금 아는 사람으로부터 고객을 소개받았습니다.

그 고객이 병원에서 근무하는 간호사라고 합시다. 처음 그 사람과 대면했을 때 어떤 이야기부터 이끌어낼지 생각해보고 페이퍼로 작성해 보세요. 그리고 발표하도록 하겠습니다."

이쯤 되면 FP들의 손놀림이 급해진다. 다들 나름대로 궁리를 해가며 페이퍼를 작성하는 모습은 가히 후끈하다. 물론 노하우가 쌓이지 않은 이들의 RP는 서툴고 조급하며 노련하지 않다. 고객과 첫 만남에서부터 금융상품 이야기부터 꺼내는 이들도 있고, 주변 이야기만 빙빙 돌려 말하다가 결국 본론도 꺼내지 못하는 경우도 있다. 그들의 적정선을 맞춰주는 것이 나의 역할이다.

일단 보드에 50여 개에 달하는 직업군을 써놓고 그들의 직업적 특성에 따라 어떤 말을 해야 할지, 어떤 대화로 포문을 열어야 하는지, 어떻게 다음 상담으로 이어질 수 있을지, 왜 돈독한 유대관계를 맺어야 하는지에 대해 설명한다.

"만약, 동대문에서 장사를 하시는 분을 소개받았다고 합시다. 일단 소개받아 신나는 마음으로 가긴 했는데 그곳에서 장사하는 분들의 특성은 그야말로 생업으로 장사를 선택한 분들이기에 장사가 최우선입니다. 그런 분들에게 장황하게 우리 일을 설명한다거나, 젊은 분에게 은퇴자금을 설명하는 등의 대화는 실패한 대화입니다. 그분들은 자신이 가게에 들어오는 손님에게 100% 정신을 집중하고 있기 때문에 손님이 계시지 않을 때 용건을 신속하게 말할 수 있어야 해요. 그런데 그분들이 가장 중요하게 생각할 것이 무엇일까요? 바로 세금 문제가 될 확률이 크죠. 매일 매일 번 돈을 가지고 은행을 가는 특징이 있는 그분들의 행보를 건드려주는 것으로 이야기를 시작한다거나 아예 들어앉아 미래의 고객을 위해 장사를 돕든가 그런 방법으로 접근해야 합니다."

지금까지는 우리 회사 직원을 대상으로 국한시켰지만 조금 더 광범위하게 넓혀갈 생각도 있다. FP로 입문한 이들에게 서비스를 해주고 싶은 마음도 있기 때문인데 적당한 시기를 보고 다시 시작할 계획이다. 가능한 많은 이들과 노하우를 나누며 결국은 세상에 재무관리의 유익을 나누고 싶은 마음이 있기 때문이다.

아직도 내 이름을 붙인 아카데미 과정에 설 때는 오글거림이 있다. 그럼에도 이 일을 계속 이어갈 수밖에 없는 것은 교육만큼 마음의 매무새를 가다듬는 시간이 없기 때문이다. 그래서 과감히 내 이름을 붙여서까지 공신력을 높이면서 이 길을 먼저 걸어간 사람으로서의 책임감을 부여하고, 뒤이어 오는 이들에겐 조금이나마 헤매지 않도록 하려 한다. 내 뒤를 걸어오는 이들에게 희미하게나마 비추는 가로등이 되고 싶은 것, 그것이 내가 일을 계속 이어가는 하나의 목적이기 때문이다.

9. 반전을 즐겨라

한때 우리나라에서 개봉한 영화 중 최고의 반전으로 꼽히던 영화는 단연 〈식스 센스〉였다. 부르스 윌리스라는 영화배우가 나온 그 영화는 내용이 전개되는 내내 손에 땀을 쥐게 만드는 스릴러물이었다. 어린 아이가 죽은 자의 영혼을 본다는 설정은 관객들을 오싹하게 만들었고 결론이 어떻게 날 것인지 가늠할 수 없게 만들었다. 그런데 결정적으로 그 영화의 말미에 최고의 반전이 기다리고 있었다. 시종일관 영화를 이끌어가던 부르스 윌리스가 알고 보니 죽은 영혼이었던 것. 영화를 본 관객들은 그 반전에 충격을 금치 못했다.

당시로서는 충격적인 결론이었기에 영화는 선풍적인 인기를 끌었는데 그에 반한 일들도 심심찮게 생겨났다. 말하자면 영화 스포일러가 급증했던 것이다. 예를 들면 영화를 보러 길게 줄을 선 관객들 사이를 지나가며 한마디 해 버리는 것이다.

"부르스 윌리스가 죽은 사람이다!"

이런 망극한 스포일러 때문에 사람들은 광분했고, 이미 결론을 들어 버렸으니 영화를 보는 내내 김이 빠지는 것은 어쩔 수 없는 일이었을 것이다.

인생도 마찬가지다. 인생의 결론을 미리 알게 된다면 얼마나 김

빠지는 일일까. 한치 앞을 모르는 것이 인생이라 조심스럽게 걷다가도, 잘못된 길로 빠지기도 하며 어느 때는 먼 길을 돌아가기도 한다. 그래도 뭔가 새로운 경험이 앞에 펼쳐지고 있을 때 다가오는 신선함과 자극, 도전 같은 것이 있기에 여정이 따분하지 않을 것이다. 그래서 사람들은 반전을 사랑한다. 흔한 드라마에도 반전을 꿈꾸는데 하물며 인생에 있어서는 더욱 그럴 것이 아닌가. 그렇기에 인생은 한번 살아볼 만하다고 하는 것은 아닐까.

하루하루가 어떻게 지나가는지 모를 정도로 2013년 한해는 바빴다. 고객들을 만나는 시간과 회사 경영을 위해 움직여야 하는 시간, 국제적인 행사에 참여하는 등 거의 살인적인 일정에 잡혀 살면서도 빠질 수 없는 시간이 있었다. 그것은 10월에 진행되는 사원 연수 프로그램, 곧 컨벤션이었다. 금융인으로 시작했던 회사에서 독립해 종합금융컨설팅 회사를 설립하고 공동경영인이 된 뒤 해마다 컨벤션을 실시했다. 이 프로그램은 직원들을 위한 보상이자 재충전의 시간이었다.

2014년에는 컨벤션에 선정된 직원들이 캐나다로 향했다. 그들 중 일부 최우수 직원은 백만불 원탁회의라 말하는 MDRT 모임에 참석하여 국제금융회의 연차총회를 경험하도록 하고, 다른 인원은 컨벤션이라 하여 작년 대만에 이어 올해는 캐나다로 연수 장소를 정한 것이다.

사원들의 면면은 참 다양하다. 우선 성비도 골고루 섞여있고 지금의 직업을 갖기 전에 했던 일도 다양한데다 연령대도 다양하다. 살아온 환경도 지금 처한 상황도 모두 다르지만 한 가지 일로 모여 목표를 위해 나아가고 있는 그들과 만나는 시간은 내게도 도전이 되는 시간이었다. 회사에서 매일 만난다고 해도 속 깊은 대화를 나눌 기회는 그리 많지 않았기에 이번 연수 기간에 터놓고 이야기를 나누게 되었다. 그러다 보니 이런 저런 깊은 얘기도 하게 되었는데, 나를 잘 아는 후배들은 그간 걸어온 내 인생에 반전이 참 많다는 말을 했다.

맞는 말이다. 지금의 나, 40대를 살아가는 나의 삶엔 반전이 많았다. 소위 잘 나가는 집안의 딸로서 부족함 없이 자랐지만, 어느 날 말 그대로 쫄딱 망해 오도 가도 못 하는 신세가 되었고, 디자인의 전공을 살려 일하리라 생각했지만, 뜻하지 않게 금융인의 길에 들어선 것. 아무것도 모르는 사람이 짧은 기간에 금융인들의 최상위 랭킹에 들었다는 것이 반전이었다. 그 반전을 자신에게 자극으로 삼는 이들이 있다는 사실에 감사하다.

오래전 이야기다. 한창 열심히 일하면서 팀을 꾸려 부지점장으로 일할 때였다. 한 어미 자식도 아롱이다롱이라는데, 이처럼 팀원들도 아롱이다롱이로 보였다. 금세 일에 적응하고 실적을 잘 내는 후배도 있었지만 그렇지 못한 후배들도 있었다. 이 상황에 다들 신경이 곤두서 있었고, 나는 쌀쌀한 날씨에 무리를 했는지 덜컥 감기에 걸렸다. 팀원들과 함께 새벽 1-2시까지 남아 일하는 날이 이어지고 있는데, 하루는 그 후배의 모습이 보이지 않았다. 밤 10시쯤 나간 것 같은데 11시가 넘어도 감감무소식이었다. 무슨 일이 생겼나 걱정이 들었다. 그렇게 거의 12시쯤 지났을 때, 그 친구가 헐레벌떡 사무실로 들어와 내게 약 봉지 하나를 내밀었다.

"팀장님! 이거 감기약입니다. 감기 심하게 걸리셨는데 약도 못 드시고……. 저희 때문에 고생하고 계시는데 해드릴 게 이것밖에 없네요."

밤 10시가 넘어 나갔으니 문이 열린 약국이 없었을 것이다. 동네방네 뛰어다니며 아직 문을 닫지 않은 약국을 찾아다녔을 그를 생각하니 코끝이 찡했다.

"고마워. 얼른 먹고 빨리 나을게요."

그날 그가 사다준 약을 입에 털어 넣는데 이루 말할 수 없는 감동이 있었다. 지금도 주변에는 나를 비롯한 많은 이들의 반전 드라마가 만들어 지고 있다. 한치 앞을 예측할 수 없기에 삶에 대해 더욱 무릎 꿇게 되고 겸손해지게 된다. 물론 반전이 일어나는 순간엔 당황스러움과 두려움이 있다. 그런데 막상 반전이 일어나면 인생은 한없이 유연해진다. 생각지도 않은 기회가 생기고, 의도하지 않은 만남이 일어나게 되며 예측할 수 없는 변수에 적응하게 된다. 그러니 꼭 나쁜 쪽으로만 생각할 것도 아니다. 주인공이 평탄하게 잘 먹고 잘 사는 이야기는 별 재미가 없듯 때때로 숨어있는 반전을 맛보는 인생도 흥미로운 법이기 때문이다. 그러니 그때그때 펼쳐지는 인생을 즐기는 것이 중요하다.

많은 미팅과 강의를 통해 8000여 명이 넘는 고객들과 만나 자산을 관리하고 재무를 설계하며 기업이나 단체에서 재무 플랜 강의를 수없이 하고 있는 내게 사람들은 어떻게 해야 자신 있게 다른 사람들 앞에 나설 수 있는지, 어떻게 하면 말을 조리 있게 할 수 있는지 여러 가지를 묻는다.

그런데 여기에도 반전 하나가 숨어 있다. 사실 나는 무척 부끄러움이 많은 여자다. 어린 시절부터 지금까지 리더로 세워지는 일이 많았지만 아직까지도 사람 앞에 나설 때면 입이 바짝바짝 마르고 가슴은 쿵쾅거리며 뛴다. 부끄러움 많은 성향은 선천적인 DNA처럼 붙어 있어서 완치가 불가능할 것 같다. 다만 나는 그저 그 반전을 즐길 따름이다. 입이 바짝 마르고 가슴이 쿵쾅거리면 어떤가. 그 부끄러움까지도 즐기면 그만이다. 오히려 부끄러움 때문에 뒤로 물러서면 더 이상의 반전이 없을 것이다. 그래서 지금도 난 가슴 두근거리는 인생을 기웃거리며 나의 시간을 살아간다.

2

돈의 맛
시간 앞에 조아리고 세상 앞에 깨어진 시간들

때때로 자신이 원하지 않는 방향으로 삶이 흐를 수도 있다.
전혀 생각지 않던 길로 들어설 수도 있다.
삶은 날마다 뜻밖의 선물이요, 의외의 기회다.
그래서 우리는 주어진 시간과 펼쳐진 세상 앞에
조아릴 수밖에 없다.
그 시간과 세상 앞에 우린 무척 작은 존재이지만
조아리고 깨지는 과정에서 삶의 진정한 맛을 느끼는 것은 아닐까.

chapter 2 頓돈 조아리다 깨지다

또 해야 할 몫이었다.

그날도 직원들의 초롱초롱한 눈빛과 마주하며 재무와 관련한 강의를 했다. 열과 성을 다해 강의를 마치고 내려왔을 때, 한 사람이 내게 다가왔다. 강의 후 늘 개인적 상담을 했기에 그녀 역시 개인적인 상담을 원하는 줄 알았다.

"혹시 최윤선, 윤선이 언니 맞죠? 00고등학교."

"어? 네, 맞아요. 거기 제 모교 맞는데."

"그랬구나. 어쩐지 언니 같더라니. 언니, 제가 초-중-고등학교 후배에요. 언니는 저 모르실지 모르지만 전 잘 알아요. 언니 인기 짱이었잖아요. 호호!"

그 말을 들을 때 이미 난 20년 전 쯤으로 돌아가고 있었다. 자그만 키에 마른 체구의 한 소녀, 소녀라고 보기엔 덜 소녀다운 면도 있었지만 그래도 나름 귀엽다는 이야기를 자주 듣고 지내던 유년 시절의 내가 보였다. 좀 더 자랐을 땐 발랄하면서 보이시한 매력의 열다섯 살 중학생도 보였다. 그리고 늘 친구들 틈에 묻혀 살아가는 고교생 최윤선의 모습도 보였다. 그때를 떠올려보면 한결같은 내 표정이 보인다. 걱정 없이 살아가는 한 여자 아이의 모습이.

어린 시절의 나는 한마디로 '등 따시고 배부른' 시절을 보냈다. 그 유명한 강남 8학군의 전형적인 삶 속에서 자랐기에 부족함을 몰랐고 언제나 원하는 만큼 바라는 것을 가졌다. 최고의 학부를 나오신 아버지는 사업가로 성공하셨고, 그에 못지않은 어머니는 최고의 내조자로 가정을 이끌어 가셨다. 최고의 환경에서 자라던 오빠와 나는 부족함이라는 것이 무엇인지 모를 정도로 풍족하게 살았다.

그렇다고 안하무인의 아이로 자란 것은 아니다. 지식인이라고 불리셨던 부모님은 소위 있는 척하지 않는 분들이셨다. 가지고 계신 것을 나누는 것에 관대하셨고 있는 척하는 것만큼 격이 떨어지는 것도 없다고 생각하셨다. 어릴 때부터 보아온 부모님은 가진 자들 앞에서 당당했고 가지지 못한 자들에겐 관대했다. 그런 모습을 보고 자랐기에 나 역시 온실 속 화초처럼 자랐지만 나누어야 하는 것에 조금도 의심이 없었다.

"윤선아, 나가서 얻어먹지 말고 사주는 사람이 돼야 한다."

어린 시절부터 이런 말을 자주 들었던 것 같다. 아직 밥 사주는 게 어떤 의미인지도 모르는 자녀에겐 무리한 조언이었을 텐데, 지금까지도 그 말씀은 잊혀지지 않는다. 그래서 아이들과 어울리기 시작한 이후로는 늘 내 주머니에서 용돈이 새나갔던 것 같다. 그게 당연하다고 생각했다. 경제적인 면뿐만이 아니라 생활에서도 뭔가 도움이 되는 사람이 되어야 하는 것, 그것은 당연한 내 삶의 지향점이었고 행복이었다.

어린 시절을 기억할 서너 살 무렵부터 내 주변엔 언제나 친구들이 많았다. 아버지의 형제분들이 워낙 많은데다 사촌들의 입학이나 졸업식 같은 가족 간의 행사에도 온 가족이 총동원되는 분위기 때문이었을까, 왁자지껄 가족이 모이는 분위기에 익숙했던 것 같다. 그 덕분에 거의 맏며느리 역할을 하던 어머니의 고생을 알고 안타깝기도 했지만, 나는 사람들 틈에서 나오는 에너지를 즐겼던 것 같다.

"윤선아! 이번엔 '반장' 하지 마라. 알았지?"

아버지와 달리 내성적이신 어머니는 해마다 학기 초가 되면 나와 오빠를 붙들고 당부를 하시곤 했다. 반장이 되면 어머니가 나서야 할 부분이 있었기에, 어머니는 그것을 미리 차단하시고자 했다.

"선생님, 저 이번에 반장선거 못 나가겠어요."

"아니, 왜?"

"그게… 사실 어머니가 하지 말라고 하셔서요."

어떤 때는 선생님께 솔직히 말씀드리기도 했지만, 선생님의 강압과도 비슷한 설득에 못 이겨 부반장이 되어 어머니에게 싫은 소리를 들은 적도 있었다. 마음 약한 오빠는 반장이 되고 난 뒤, 눈물의 사퇴의사를 밝힌 적도 있을 정도로 우리 남매의 리더 활동에 대한 어머니의 낯가림은 무척 심했다.

그러나 학창시절을 돌아보면 어떤 모습으로든 리더의 위치에 있었던 것 같다. 대신 어머니의 바람대로 없는 것처럼 있는 은근한 존재감을 발휘하는 노하우를 배웠다.

"절대 있는 척하지 말고, 잘난 척하지도 말고, 섣불리 나서지 말고!"

경제학을 공부하면 가장 많이 접하는 단어가 Check & Balance 다. 끊임없이 상황을 체크해보고 균형을 맞춰가야 한다는 의미다. 체크와 밸런스는 삶이나 일에 있어서 중요한 기준이요 가치를 세워가는 중요한 두 축이 된다. 자칫 잘못하다가 기회를 놓칠 수도 있고 지나치게 앞서갈 수도 있다.

이 어휘와 함께 유년 시절의 나를 생각해 본다. 지금의 나를 있게 한 삶의 자양분, 성품의 자양분은 어린 시절이었다고 생각한다. 더 정확히 말하면 부모님으로부터 배우고 습득한 체크와 균형의 자세였던 것 같다. 누구보다 우리 가족을 위해 애쓰시고 노력하시던 아버지, 특히 부성애가 무엇인지 강도 높게 보여주신 아버지로부터 나는 나의 높은 존재감을 확립하고 체크해 가며 무슨 일이든 자신 있게 도전하는 것을 배웠다. 어머니는 자칫 교만할 수도 있을 환경에서 자중하는 본을 보이시며 겸손을 알려주셨고, 나서야 할 때와 그렇지 않을 때를 적절히 판단하여 결단할 수 있도록 하는 신중함을 가르치셨다. 한창 강남 8학군에 엄청난 치맛바람이 휩쓸고 지날 때도 어머니는 잠잠했고, 온갖 정보의 홍수 속에서 딸을 데리고 갈팡질팡하지 않는 등 말하자면 균형 감각을 키워주신 셈이다. 덕분에 지금껏 사는 동안 롤러코스터 같은 굴곡을 겪으면서도 주변의 시선에 크게 좌우되지 않고 나의 소신을 지킬 수 있었다고 생각한다.

2. 불가능을 가능케 하는 DNA, 긍정의 유전자

"저 선생, 진짜 재수 없지 않니? 무슨 사람이 표정이 없어."

여고시절 학교에 한 분씩은 계셨던 괴짜 선생님은 여고생들의 성토 대상이요, 관심의 대상이었다. 고등학생 시절, 우리 학교에 도 유명한 선생님 한 분이 계셨다. 지구과학을 가르치셨던 선생님의 별명은 터미네이터였다. 왜 그런 별명이 붙여졌는지는 가물가물하지만 아마도 인간적인 면이 없다고 해서 붙여진 것 같다.

친구들은 그 선생님의 시간을 싫어했다. 아니 두려워했다는 표현이 더 옳았다. 워낙 수업 시간 내내 공포심을 조장하며, 자기주도학습이 아닌 교사주입학습을 선도하였기에 한창 자유로움을 열망하는 여고생들에겐 기피대상이었다.

"자! 교과서 덮어! 지난 시간 배웠던 내용 질문 들어간다."

"출석번호 3번 일어서!"

그날 3번 친구를 비롯한 그 친구가 있는 줄은 줄초상이나 다름

없었다. 지구과학, 외울 내용도 많고 난해했던 과목의 질문은 쉽사리 답이 나오지 않았다. 대답하지 못할 땐 운동장 돌기 등 체벌이 주어졌다.

"제대로 공부 안하지? 이래가지고 대학 가겠어?"

지구과학 시간은 친구들 사이에 두려움의 시간이요, 피하고 싶은 시간이요, 기억하고 싶지 않은 시간이었다.

"윤선아! 지학 말이야, 너무하지 않냐? 별로 중요하지도 않은 과목인데 꼭 저렇게까지 해야 할까?"

지구과학 시간만 끝나면 친구들은 모두 내 주변으로 모여들어 선생님 뒷담화에 열중이었다. 물론 그로 인한 반사 효과도 있었다. 어느 학급 할 것 없이 지구과학의 반평균이 95점을 넘었으니 어쨌든 싫든 좋든 공부를 한다는 증거 아니겠는가.

나 역시 그 선생님이 그리 좋지는 않았다. 그토록 무서운 분위기를 조성해서 면학 분위기를 만들어야 하는지 의심스럽긴 했지만, 그 선생님이 인간적으로 싫지는 않았다. 분명 그 선생님만의 교육철학이 있을 테니까. 그렇다고 남들이 모두 뒷담화에 열중할 때 혼자만 '난 그렇게 생각하지 않아' 라며 튀는 행위는 결코 하지 않았다. 대신 상황을 좀 다르게 바꿔보고 싶은 마음이 있었다.

"얘들아 그러지 말고 우리 터미네이터랑 잘 지내보자."

"야, 불가능해."

이상하게도 전의가 불탔다. 그렇다고 내가 뭔가 꼭 하겠다는 의지였다기보다는 그저 그런 불편한 상황을 조금이라도 해결하는 역할을 하고 싶었다. 당시 나는 학급에서 환경미화를 하고 있었다.

학기가 시작된 지 얼마 되지 않았기에 환경미화를 주도하며 나만의 방법을 찾았다. 당시 미술 쪽으로 전공을 정한 상태였기에 환경미화는 실력을 뽐낼 수 있는 하나의 실험장이기도 했다. 환경미화에 있어 시간표는 상징적이었다. 일단 시간표 만들기에 정성을 기울이되 지구과학 시간이 들어있는 곳은 더욱 튀게 꾸몄다. 다른 과목보다 튀게 만들되 친구들에게는 일종의 경고도 되었고 담당 선생님께는 그만큼 신경 쓰고 있음을 알려드리는 이중 효과를 노렸다.

"이러다가 더 역효과 나는 거 아냐? 지학 성격에 가만두지 않을 텐데 그러다가 더 혼나면 어떡하니?"

"이게 혼날 일은 아니지. 시간표를 더 신경 써서 만들었는데 뭘. 두고 봐. 선생님도 좋아할 걸!"

친구들은 오히려 더 걱정을 했다. 긁어 부스럼 만드는 것 아니냐면서 나의 순수하지만 당돌해 보이는 시도를 불안해했다. 하지만 나는 자신이 있었다.

드디어 환경미화를 마치고 지구과학 수업 시간이 다가왔다. 그

날 친구들은 수업 테스트보다 환경미화에 대한 선생님의 반응에 촉각을 곤두세웠다. 문이 드르륵 열리고 터미네이터가 들어왔다. 아무래도 바뀐 교실 분위기를 느꼈는지 구석구석을 살펴보시던 선생님이 드디어 수업 시간표에 시선이 고정됐다. 지구과학 시간에만 특별히 색색별로 디자인이 되어 있다는 것을 알아차린 것이다.

"이 시간표 누가 만들었어?"

순간 반 친구들 모두 굳은 표정이 되었다. 오히려 나만 담담했다. 나는 손을 들고 당당히 일어섰다. 그리고 그때 미세하게 변하는 터미네이터 선생님의 표정을 분명히 읽었다.

"너야? 네가 이 시간표 만들었어?"

"네. 제가 했습니다."

"그래? 왜 지학 시간만 다르게 표시되어 있지?"

"별다른 의도는 없었구요, 그저 친구들이 지학시간을 더 재밌고 즐겁게 보냈으면 하는 마음에서 색다르게 꾸몄습니다."

"그동안 지학 시간이 재미없었다는 소리네?"

"좀 무섭고 두려운 시간이었습니다. 근데 이제 더 재미있는 시간이 될 것 같습니다."

"풋!"

어쩌면 당돌해 보이는 작은 여고생의 대답에 선생님이 풋 웃음을 터트렸다. 대놓고 선생님에게 수업 분위기를 쇄신하라는 무언의 압력을 넣은 여고생이 재밌었던 것 같다. 오히려 놀란 건 친구들이었다. 그동안 선생님의 웃는 모습을 한 번도 보지 못하다가 선홍빛 잇몸을 드러내며 웃는 모습을 보았기 때문이다.

웅성거리는 친구들의 반응에 나도 덩달아 신났던 것 같다. 원래 내가 의도한 대로 선생님이 받아들여 주셨고 서비스로 웃음까지 활짝 지으시던 선생님이 무척 친근하게 느껴졌다. 더욱 놀라운 일은 그 다음 벌어졌다.

"좋아. 너희들 오후 시간이라 많이 힘들지? 오늘 선생님이 시간표 바꾼 기념으로 아이스크림 쏜다!"

"와!"

폭발적인 반응과 함께 그 무섭기로 소문난 지구과학 선생님이 사주신 아이스크림을 반 전체가 먹을 수 있었다. 그 후에도 터미네이터 선생님은 바뀌지 않았다. 여전히 질문세례를 퍼부었고 제대로 대답하지 못한 아이들은 벌을 서기도 했지만 그분의 인간적인 면모를 알게 된 친구들은 그런 선생님마저 잘 받아들였다.

"야, 최윤선! 가만히 보면 넌 참 희한해. 불가능해 보이는 걸 가능하게 한단 말이야."

그때부터 친구들에게 이런 말을 자주 들었던 것 같다. 누구 한 사람이 부당한 일을 겪었을 땐 그 일이 본래 자리로 돌아갈 수 있을 때까지 최선의 노력을 다했고, 좀 더 훗날에는 원하는 곳으로 진학하기 위해 반드시 필요했던 영어로 된 원서를 일주일 만에 통째로 외우는, 불가능해 보이는 일도 선뜻 할 수 있었다.

내게 있어 불가능해 보이는 일은 거의 없었다. 해보지도 않고 불가능하다고 단정 짓는 건 맞지 않다는 마음가짐도 있었고, 타고난 긍정적 마인드도 한 몫 했을 것이다. 어린 시절부터 부모님께 안 된다는 말은 거의 들은 기억이 없었고 '한번 해봐라. 잘할 거다.' 라는 격려의 말은 긍정적인 마음을 더욱 극대화시켰던 것 같다. 그래서인지 남들은 불가능하다고 여기는 일도 쉽게 뛰어들 수 있었고, 불의하다고 생각되는 일엔 거침없이 나서는 용기도 생겼다.

3. 상처도 긍정적으로 사용될 수 있다

나는 천성적으로 사람을 좋아한다. 금융인이 되고 난 뒤, 한 시간도 혼자 있을 시간이 없을 정도로 미팅의 연속이었지만, 그 이전에도 늘 사람들 틈에 끼어 살았던 것 같다. 그것이 한 번도 싫었던 적은 없었고, 당연히 여기며 살았는데, 그로 인해 상처를 받았던 적도 꽤 된다. 그 이유로 사람 만나는 것이 두려울 법도 했지만, 사람을 만남으로 또 치유됐던 것 같다. 천성적으로 사람을 좋아하기 때문에 금융인으로서는 참 커다란 축복이란 생각이 든다.

"어머, 언니! 정말 좋아해요. 이 초콜릿 받으세요!"

학창시절 한창 초콜릿을 주고받는 날이 있었다. 특히 남녀공학을 다녔던 내게 발렌타인데이나 화이트데이 같은 날은 더욱 특별했다. 남녀 학생이 섞여 있었는데도 여자 반 내에서 커트 헤어스타일에 달리기까지 잘했던 나는 보이시한 매력을 가진 남학생처럼 인식되었나 보다. 명실공이 여학생에게 인기 많은 여자였다. 아이돌 스타에게나 있다는 사생팬이 내게도 있을 정도로 과도한 집착에 시달리기도 했다.

"애들 좀 그만 만나고 다녀라. 집에 그만 찾아오게 하구."

엄마는 이런 나를 걱정하셨다. 엄마 생각엔 마치 내가 친구들을 너무 좋아해서 휘하에 거느리고 다니는 것으로 여기신 것이다. 하지만 현실은 그게 아니었다. 주변엔 늘 친구들로 북적였고 내 손을 잡고 다니려는 친구들이 많았다. 사실 그 즈음 사람에 치일 정도로 둘러싸여 있다 보니 조금 지쳐있기도 했다.

학교 성적도 좋았고 주변에서 거는 기대도 컸던 터라 당연히 이름 있는 대학으로 진학할 거란 기대를 걸고 있었다. 나 또한 내 자신에 대한 기대치가 있었다. 누가 뭐라고 해도 자존감이 높았기 때문에 가능한 기대였다.

그런데 그 즈음 나는 공부보다는 예능 쪽에 더 큰 관심을 가졌다. 어렸을 때부터 예능에 소질을 보였던 터라 그림을 시켜보라는 말을 듣곤 했지만, 엄마는 당신의 딸이 예능이 아닌 공부로 승부하길 바라셨다. 중학교에 입학한 뒤로는 육상 선수로도 뽑히고, 핸드볼 선수로 나갈 정도로 운동 실력을 인정받고 진학도 권유 받았지만, 부모님은 끄떡도 하지 않으셨다. 집안을 조금 격조 있게 보이고 싶어 하는 부모님의 마음을 이해할 수 있었기에 어떻게든 공부로 승부를 내고 싶었지만 자꾸만 디자인을 하고 싶다는 생각이 샘솟았다.

"엄마, 아버지. 저 그림 그리고 싶어요. 그림으로 전공 바꾸고 싶어요."

"너, 지금 실력으로도 충분히 공부해서 대학갈 수 있잖아. 그림은 취미로 하면 안 되겠니?"

"아뇨. 그림을 그리고 싶어요."

실은 중학교 시절부터 주장했던 의견이었는데 부모님은 쉽사리 허락하지 않으셨다. 그저 취미로 하라는 말만 계속하니 답답할 지경이었다. 설상가상으로 고교생활이 계속되면서 친구들로 인한 문제가 더욱 커졌다. 나는 미래에 대한 고민으로도 머리가 아픈데 친구들 문제는 생각지도 않게 내 일상을 깊이 파고들었다.

"윤선아! 너 날 진짜 친구로 생각하는 거니? 그렇다면 왜 쟤네들이랑 다니니?"

"윤선아! 넌 나의 베스트 프렌드야. 나랑만 다니자. 응?"

말하자면 집착이 심한 친구들이 점점 늘어가기 시작한 것이다. 내게 있어 친구들은 친한 순위를 정할 수 있는 것이 아니었다. 그저 다 같은 친구들이었고 다함께 어울리는 것이 나만의 친교 방법이었는데 친구들 생각은 달랐던 것 같다. 나는 점점 지쳤다.

"얘들아. 누굴 더 좋아하고 그런 게 어딨니. 다 같이 친하게 지내자."

나의 간절한 바람에도 불구하고 친구들 간의 불화는 심해졌다. 워낙 거절을 하지 못하던 성격 탓에 만나서 얘기 좀 하자는 친구들과 자율학습 시간을 보냈고, 공부하러 다닌 도서관엔 진지한 대화를 원하는 친구들이 찾아왔다. 그러는 사이 성적은 점점 더 떨어졌다.

이렇게 되다 보니 놀란 부모님이 손을 드셨다. 엄마는 미술을 전공하고 싶어 하던 내가 반발심에 공부를 안 하는 것으로 생각하셨다. 친구로 인해 고민하고 있다는 것은 나 혼자 감당했다. 부모님을 그런 일로 신경 쓰게 하고 싶은 마음은 추호도 없었다. 어렸을 때부터 내 마음 한켠에는 부모님을 기쁘게 해드리는 일, 부모님의 기분을 좋게 만드는 일만 이야기하자는 생각이 있었다. 왠지 그래야할 것 같았고 그것이 부모님의 걱정을 덜어주는 것이라 여겼다.

어쨌든 엄마는 뒤늦게 내가 미술로 전공을 바꾸는 데에 동의하셨고, 나는 고등학교 2학년이 되어서야 본격적으로 미대 입시를 준비할 수 있었다. 나로서는 뒤늦게나마 하고 싶은 전공으로 바꾸게 된 것을 다행으로 여겼다. 한편으론 바쁘게 입시를 준비하다 보면 나를 괴롭히던 친구들 문제도 자연스레 수그러들 것이라 생각했다.

뒤늦게 시작한 미대 입시는 정신을 차리지 못할 정도로 바빴다. 부모님도 기왕에 밀어주기로 생각하신 만큼 강남에서 최고로 실력이 있다는 입시학원을 다니도록 배려하셨고, 나름대로 열심히 뒤따라갔다. 사실 자신도 있었다. 그동안 하겠다고 마음먹었던 것 중에 이루지 못한 일이 없던 만큼 미대 준비도 잘 할 것이란 자신감이 있었다.

그러나 2년이란 시간은 입시 실기를 준비하기에는 너무나 부족한 시간이었다. 특히나 미대 입시를 위한 기본도 안 되다 보니 자신감도 차츰 떨어졌다. 게다가 입시를 시작하면 친구들의 관심도 덜해질 거란 기대도 예상을 빗나갔다. 지나치게 관심을 갖는 친구, 관심을 가져달라는 친구들의 요구는 계속 이어졌다.

"윤선아. 친구들에게 너무 잘하려고 하지 마. 걔네들은 네 행동 하나하나에 오해를 하고 의미를 두고 있어. 그러니까 너도 네 생각대로, 하고 싶은 대로, 싫으면 싫다고 해."

나를 아끼는 친구는 그런 나의 마음고생을 알고 있었기에 조언을 했지만 친구들에게 상처 주는 일을 하고 싶지는 않았다.

결정적인 사건은 고3 여름 기말고사를 치를 때였다. 가장 공부에 열을 올릴 시기인 고3 기말고사가 있던 첫 날, 학교가 발칵 뒤집히는 일이 일어났다. 내게 지나치게 집착하던 한 친구가 자살을 시도했다는 소식이었다. 자신이 사랑과 관심을 받지 못한 것에 대한 원망의 표현을 자살이라는 것으로 과격하게 어필한 것이다.

'대체 내가 뭘 어떻게 해야 하는 걸까. 난 왜 평범한 친구 관계를 맺지 못하는 것일까.'

이런 고민에 빠지면서도 상처 입은 친구를 돌봐야 했기에 시험은 그렇게 허공으로 날아갔고 성적은 곤두박질쳤다. 그 일로 인해 나의 베스트 친구마저 시험 치를 기회를 잃었고, 나는 두 친구에게 결과적으로 아픔을 주게 되었다. 남다른 고교시절, 어떻게 보면 다른 사람은 상상도 못할 사랑을 받았다. 하지만 경험하지 않았다면 더 좋았을 법한 사람 사이의 상처까지 받게 되었다.

그렇게 시간이 지나고 고3 겨울방학이 지났을 때, 내 손엔 불합격 통지서가 들려 있었다. 그간 별다른 실패의 경험이 없었던 나로서는 큰 충격이었다. 부모님의 실망은 말할 것도 없었다. 나를 지극히 아끼시던 아버지도 겉으로는 다음에 기회가 있다며 위로하셨지만, 그분의 눈빛 뒤에 흐르는 실망과 허탈함은 충분히 읽을 수 있었다. 엄마가 느낀 실망감은 더욱 컸다. 친구 문제로 얼룩졌던 고교시절에 대해 전혀 몰랐던 엄마로서는 대입 실패가 이해불가능이었다. 어쨌든 나는 처음으로 실패를 맛보았고 슬펐다.

그런데도 여전히 우리 집은 건재했고, 나를 사랑하는 친구들은 넘쳤다. 그러나 나는 많이 지쳐 있었다. 입시에서 떨어져서 지쳤다기보다 나를 가만두지 않는 사람들에게 지쳤다.

그 뒤 결국 재수를 하게 되었고, 첫 사랑의 가슴 아픈 경험도 했지만, 철저하게 친구들과는 단절된 시간을 보냈다. 내 자신을 다독거릴 시간이 필요했기 때문이다. 아마 그때 처음으로 외로움의 실체를 알았던 것 같다.

요즘에도 나는 여전히 사람들과 만나며 살아간다. 만남이 없으면 되지 않는 일이다보니, 그렇기도 하지만 워낙 사람 만나 이야기 나누는 일을 좋아하기에 지금의 일을 천직으로 여긴다. 그런데 사람으로 인해 상처 받은 깊은 잔상이 군데군데 남아 있다. 내 의도와는 달리 원치 않는 결과가 나왔지만, 그 역시 나로 인해 벌어진 일이었기에 겸허히 수용한다. 그래도 감사한 것은 사람으로 인해 얻은 상처가 상처로 끝나지 않고 다시금 최선을 다해 사랑할 수 있는 자양분이 되었다는 점이다. 아마도 하나님께서 나를 가장 사랑하신 지점이 바로 그 지점이 아닐까 싶다. 상처를 상처로 남기지 않고, 상처마저도 긍정적으로 받아들이게 하셔서 나와 비슷한 상처를 지닌 자들을 이해하게 하신 마음을 주신 것이다.

4. 친구의 도움으로 상처를 치유 받다. 그리고…

한 때 나는 방탕한 생활을 한 적이 있다. 나를 아는 사람들은 방탕한 생활을 했다는 고해성사에 의아하게 생각할지도 모르겠다. 누군가 '학교 다닐 때 어떤 학생이었어요?'라고 묻는다면, 난 별로 머뭇거리지 않고 모범생이었다고 대답할 수 있기 때문이다. 언뜻 교만해 보일 수도 있는 대답이지만, 학창시절 시도한 최고의 일탈이 도시락 일찍 먹기 정도였던 나였기에 내 속엔 '범생기질'이 다분히 있었다.

그런데 일탈의 시기는 뒤늦게 찾아왔다. 만족스럽지 못한 대학 진학을 하게 되었을 때부터 내 속에서는 '되는 대로 살자'는 생각이 고개를 들었다. 스물한 살, 서울의 한 여대 디자인학과에 다니게 된 것은 잘 나가던 나로서는 자존심 상하는 일이었다.

현실 속의 모습은 기대 이하였다. 부모님도 이 결과를 묵묵히 받아들이셨지만, 그것은 딸에 대한 최소한의 예의였고 누구보다 실망감이 컸다는 것을 무의식중에 나타내셨다. 대학시절을 보내는 동안 그분들의 입에서 내가 다니는 학교 이름이 단 한 번도 거론되지 않은 것을 인식할 즈음, 나는 내가 집안의 격을 떨어뜨린 아이가 되었다는 사실에 상처 받았고 가슴이 아팠다.

그때부터 대학시절 내내 그동안 해보지 않았던 일탈을 맘껏 하며 살았다. 그래도 범생이 기질은 버리지 못해 수업은 꼬박꼬박 들었지만, 그 외의 시간 대부분은 친구들을 만나 술로 허비하며 보냈다. 친구들이 조그만 몸으로 어떻게 그렇게 많은 술은 마실 수 있냐며 놀랄 정도로 술을 달고 살았다. 낮아진 자존감을 감추기 위해 술을 마셨고, 내가 처한 현실이 마음에 들지 않아 술을 마셔댔으며, 또다시 여자친구들 틈에서 마치 미소년처럼 관심을 받게 되어 술을 들이켰다.

전공으로 선택한 디자인 공부는 그럭저럭 할만 했다. 그렇지만 현재 있는 자리에 만족하지 못했기에 여기저기 기웃거리며 또다시 지원도 했지만, 그마저도 쉽지 않았다. 이것밖에 안 되나 싶은 마음이 들 때마다 찾게 되는 것은 술자리였다. 이런 모습을 지켜보면서 누구보다도 걱정을 해 준 친구가 있었다. 그 친구는 고교 시절부터 나의 절친이었고, 내가 다른 친구들로 인해 마음고생을 할 때도 곁에서 묵묵히 지켜주던 친구였다.

"윤선아. 네 자신만 괴롭히지 마."

그런데도 좀처럼 마음을 잡을 수 없었다. 그 와중에 나를 괴롭히는 문제가 또 불거졌다. 고교 시절 한차례 사람에 치였던 경험을 했던 나였기에 대입을 준비하면서 친구 관계를 모두 끊고 지냈다가 대학에서까지 그럴 순 없었기에 친구들과 잘 지냈는데 강남 8학군에서 학교를 다닐 때와는 달리, 대학은 전국에서 사람들이 모이기에 환경도 제각각이었다. 예전처럼 주변엔 친구들이 많아졌고 가정형편이 어려운 친구도 만나게 되었다.

"윤선아, 넌 좋겠다. 좋은 부모 만나 학비 걱정 없이 다니니 얼마나 좋니?"

처음엔 이런 이야기를 듣는다는 것이 오히려 신기했다. 학비는 당연히 부모가 대주는 걸로 생각했던 나에게 어려운 형편에서 공부하는 친구들이 있다는 사실은 다른 나라 이야기였기 때문이다. 나는 친구라면 조건 없이 돕고 마음을 나눠야 한다는 생각에 어려운 친구를 위해 생전 처음 아르바이트라는 것도 했다. 등록금을 내지 못해 쩔쩔매는 친구를 그냥 두고 보는 건 내가 생각하는 의리가 아니었기 때문이다.

태어나서 처음으로 했던 아르바이트는 고되고 힘들었다. 그러나 시간을 쪼개고 술 먹는 시간을 반납하며 번 돈을 몽땅 친구에게 건네줄 때의 기쁨은 참 컸다.

"이거 등록금에 보태서 내. 더 많이 못해줘서 미안해."

그 돈을 받아들며 감격하던 친구의 표정이란. 그 표정을 보면서 내가 더 기뻤던 것 같다. 친구를 위해 뭔가 할 수 있는 일이 있다는 것은 행복이었다.

그런데 아마 그때부터였던 것 같다. 나에 대한 친구의 우정이 집착으로 변화하게 된 것이. 어느 날부터인가 그 친구는 과도하게 나에게 집착했다. 나의 일거수일투족을 함께 하려 했고, 연락이 되지 않으면 화를 내며 끊임없이 자신에 대한 관심을 확인하려 들었다. 거절을 잘 하지 못하는 나로서는 친구의 요구를 가능한 들어주었는데 갈수록 그 친구의 과도한 집착에 겁이 났다.

"윤선아! 난 널 정말 사랑하는데, 넌 날 사랑하지 않니?"

친구끼리 충분히 사랑한다는 말을 할 수 있지만, 그 친구에게서 나온 사랑이란 단어는 왠지 다른 의미를 내포한다는 것이 느껴질 즈음에서야 친구를 피했다. 학교에 가지 않는 날이 많아졌고, 그럴수록 친구의 집착은 더욱 심해졌다. 고백하자면 고등학교 시절에도 동성 간의 잘못된 감정 고백을 받았던 경험이 있었던 나로서는 마음이 더욱 무거울 수밖에 없었다. 그러면서 든 생각은, 이렇게 끌려가듯 가다보면 두 사람 모두에게 큰 불행이 닥칠 수 있었다.

"나… 정말 어렵게 말 꺼내는 건데 너와 친구 관계로 가깝게 지내는 건 얼마든지 가능해. 그렇지만 그 이상을 원한다면 난 너를 만날 수 없을 것 같다."

큰 용기를 내어 과도한 집착이 부담스럽다는 마음을 솔직히 전했다. 그리고 나서 두근거리는 마음을 진정시키기도 전에 그 친구는 고등학교 시절의 친구가 그랬듯 극단적인 방법을 선택하려 했다. 생명을 버리면서까지 자신의 과도한 집착과 관심을 인정받으려는 친구의 비뚤어진 우정은 큰 상처를 주었다. 자존감이 낮아질 대로 낮아졌고, 왜 남들처럼 좋은 동성 친구 관계를 유지하는 것이 힘든지, 내가 뭘 잘못하고 있는지 의심이 들었다.

친구의 소동을 겨우겨우 막고 어렵게 관계를 정리하게 되었을 때 나는 완전히 탈진 상태였다. 남들은 한창 세상이 즐거운 스물셋의 시간을 보낼 때 나는 캄캄하고 무서운 터널을 지나게 된 것이다. 어느 곳을 가도 즐겁지 않았고 소망이 생기지 않았다. 내가 잘 지내고 싶은 사람들은 왜 다들 더 큰 사랑을 원하는 걸까, 내가 뭘 잘못하고 있는 걸까, 나는 친구들과 잘 지낼 수 없는 걸까, 혹시 친구에게 상처를 주었으면 어떻게 하나 의심과 걱정이 들었다. 그런 자괴감은 왜 사는지, 사는 게 재미없고 의미 없다는 생각으로 이어졌고, 자연스럽게 이쯤해서 그만 사는 것이 낫지 않을까 하는 생각으로 이어졌다.

결국 무의미한 생활을 그만하자는 결론에 이르렀고, 생을 마무리할 계획을 세웠다. 한국이 아닌 외국으로 여행을 간 뒤, 그곳에서 생을 마무리하자고 마음먹은 것은 가족에게 충격을 덜 주자는 나름의 배려였다. 막상 마음이 정해지자 의외로 담담했다. 일단 일주일 뒤 외국으로 가는 여행상품을 편도로 예약해 놓고 주변 정리에 들어갔다.

"윤선아. 네가 웬일이니? 방 정리를 다 하고."

어질러 놓기만 하고 청소 한 번 하지 않던 내가 흔적들을 하나씩 지워가자, 엄마는 철들었다며 좋아하셨고, 그런 엄마를 바라보는 내 마음은 착잡했다.

돌아오지 않을 여행을 준비하는 동안, 매일 마시던 술도 마시지 않고 일찍 들어왔다. 정리를 시작한지 이틀쯤 되었을까. 집으로 돌아오는데 집 앞 공중전화가 눈에 띄었다. 갑자기 나의 일탈을 걱정스러워하던 절친, 그 묵묵하던 친구 생각이 났다. 거의 모든 것을 공유하던 그 친구가 그리웠다. 그리고 죽음이란 중대한 결심을 하고 있는 사실을 알리지 못한 미안함이 밀려왔다.

친구가 전화를 받았을 때, 더욱 그 친구가 보고 싶었다. 그리고 그토록 친구가 내게 원했던 한 가지를 해주지 못한 것이 미안해졌다. 누구보다 독실한 크리스천이었던 친구는 내게 신앙을 갖도록, 교회에 한 번이라도 나갈 것을 원했지만, 그것만큼은 들어주지 못했다. 나는 하나님을 몰랐고 알고 싶지 않았다. 그런데 그 날은 친구가 믿는 그 하나님이 누구길래 친구가 그토록 내게 알려주길 원했을지 궁금해졌다.

"네가 믿는 하나님이란 분 말이야…. 그분이 그렇게 좋은 분이면 내 얘기도 들어주실까?"

"그럼. 윤선아, 당연하지."

나는 더 이상 친구와 이야기를 나누지 못한 채 전화를 끊었다.

그리고 그날 밤 일찌감치 방문을 걸어 잠그고 또다시 정리를 이어 갔다. 그러다가 친구가 믿는 하나님이란 분에게 나의 이야기를 하고 싶어졌다. 그때까지만 해도 하나님은 하얀 옷을 입은 산신령 이미지가 있었기에 최대한 예의를 갖추고 이야기를 시작했다. 돌아보면 그것이 기도의 시작이었다.

"안녕하세요. 저는 최윤선이라고 합니다. 아시겠지만 저는 교회 얘기만 하면 무조건 거부했던 사람이었어요. 그런데 며칠 있으면 이 세상에 없을 사람이라 하고 싶은 얘기라도 실컷 하려구요. 저는 그동안 부족한 것 없이 자랐고 제가 제일 최고라고 생각하며 살았는데 그게 아니었어요."

그날 밤새도록 하나님이란 분에게 내 얘기를 털어놓았다. 그리고 환하게 동이 트고 나는 다시 일상생활을 시작했다. 참 이상한 일이었다.

다음 날 저녁에도 방문을 걸어 잠근 채 하나님에게 내 이야기를 털어놓았고, 그 다음 날도 똑같은 행동을 이어갔다. 무거운 돌덩어리 하나가 꾹 누르고 있는 것 같던 마음은 그대로였지만, 무엇에 홀린 것처럼 그 행동을 이어가는 것이 그저 신기하기만 했다.

드디어 계획하던 여행이 다음 날 저녁으로 다가왔다. 막상 이 세상에서 만난 이들과 다시는 못 만날 거란 생각을 하니 가슴이 요동을 쳤다. 아무것도 모르는 가족들은 평소처럼 함께 밥 먹고 이야기를 나누었지만, 내 마음은 안타까움으로 가득 찼다.

다시 내 방으로 돌아왔다. 마지막으로 하나님이란 분과 대화를 나누기로 한 뒤 방문을 잠갔다.

"안녕하세요. 저 윤선입니다. 이제 오늘밤이면 이 이야기도 끝입니다. 제가 내일이면 외국으로 떠나는데……."

그때였다. 철컥 하고 방문이 열리는 소리가 들렸다. 순간 나쁜 짓을 하다가 들킨 아이처럼 부끄러움이 확 밀려왔다. 부모님이나 오빠가 문을 열어 들어오는 줄로만 알았는데 이상한 일이었다. 열린 방문으로 아무도 들어오지 않았다. 대신 강렬한 불빛이 문 안으로 쏟아져 들어왔다. 조명으로 비춰지는 빛도 아니었다. 아무것도 모르는 나였지만, 그 불빛이 나를 향해 강렬하게 내리쬐는 신비한 경험을 했다.

"누구…세요? 누구 계세요?"

대답은 없었고 누가 있는 것도 아니었지만, 허공을 향해 소리치고 있다는 생각이 들지 않았다. 말할 수 없는, 아니 지금껏 경험하지 못했던 평안함이 바다처럼 밀려오면서 '아… 진짜 하나님이 계시는구나.'하는 믿음이 생겼다.

그날 밤새도록 나는 그 강렬한 빛에 휩싸인 채 그간 마음속을 짓누르고 있던 커다란 돌멩이도 산산이 부서져 사라지는 경험을 했다. 그 순간만큼 시간은 중요하지 않았다. 얼마나 시간이 흘렀는지는 알 수도, 알 필요도 없었다.

'나는 하늘이 땅 위로 내려와 나를 완전히 감싸는 것을 체험했다. 나는 내 안에 하나님을 받아들였고 그분이 나의 전부로 침투해 오고 있음을 느꼈다. 그렇다 나는 소리쳤다. 하나님은 존재한다. 그리고는 아무것도 더 이상 기억할 수 없었다.'

러시아의 문호 도스토옙스키가 부활 주일 밤 깊은 신앙체험을 했을 때와도 비슷했던 그 신비한 경험을 통해 나는 하나님의 존재가 믿어졌다. 그간 짓누르고 있던 고민과 번민의 시간도 깨어졌다. 얼마쯤 지났을까. 빛은 사라졌지만 한 번도 느껴보지 못한 평안함이 이어졌다. 이제 죽음을 기다리는 시간이 새로운 삶으로 바뀌고 있었다.

시계를 보니 새벽 4시를 넘기고 있었다. 이 마음을 나눌 수 있는 사람은 딱 한 사람, 나의 절친 뿐이었다. 하나님께 기도하면 내 이야기를 들어주실 거라 강권했던 그 친구에게 전화를 걸었을 때 친구는 어찌된 일인지 단번에 받았다.

"나… 빛을 봤어."

그 빛의 존재가 무엇인지도 모른 채 울먹이며 시작한 이야기는 친구와의 만남으로 이어졌고, 아침이 밝아올 때까지 우리는 실컷 울며 마음을 나누었다. 그때 알게 된 친구의 마음은 감동이었다. 친구는 내가 방황하고 지내는 모습을 보며 1년간 기도했다고 한다. 하나님께 친구 윤선이를 맡기며 돌아올 수 있기를 기도했고, 울며 매달렸다고 한다. 그런데 1년 만에 가장 절박한 상황 속에서 만나주신 것이다. 내가 삶의 끈을 놓고 싶은 순간, 영원한 생명의 손을 잡아주신 것이다.

그렇게 나는 나를 향해 보이지 않는 손으로 내 삶을 주관하시는 분과 만났고, 소중한 친구를 곁에 두게 되었으며, 떨어졌던 자존감을 회복하며 그 누구보다 아끼고 사랑받는 존재라는 자존감을 회복할 수 있었다.

소설가 최인호 씨가 그의 책에서 꿈에 대해 이런 이야기를 했다. 다큐멘터리 촬영차 백두산 촬영을 극비리에 마치던 날 한밤중에 빛의 폭포를 경험했다고 한다. 이 지상의 언어와 인간이 가진 감각으로는 도저히 설명할 수 없는 불가사의한 법열. 그는 꿈인지 환상인지 모르는 모호한 경험에 너무 감격스러워 아무에게도 말하지 못한 채 마음속으로만 간직했는데, 해마다 그 날이 되면 혼자 그것을 경험한다는 것이다.

나 역시 그날 밤 빛으로 오신 분을 잊지 못한다. 어떤 이들은 믿지 못할 일이라 할 수도 있고 꿈이었을 거라 폄하할 수도 있지만 난 알 수 있다. 지금껏 나의 삶을 움직이고 살아갈 이유가 되는 빛, 생명의 삶이 무엇인지 깨닫게 한 그 빛을 생생하게 느끼고 있기에 하루라도 한시라도 헛되이 보낼 수 없다. 지금도 그 빛을 향해 살아가고 있음에 감사할 따름이다.

5. 중국공주에서 빚쟁이 딸로

"윤선아…!"

수화기 너머로 들리는 엄마의 전화 목소리는 심하게 떨리고 있었다. 아버지의 사업체가 하루아침에 빚더미에 나앉게 되었다는 소식과 함께 우리 집은 완전히 곤두박질쳤다.

내 나이 스물 넷. 나는 빚쟁이 딸로 급추락 했다. 사업의 부도로 떠안게 된 빚은 상상을 초월하는 금액이었다. 그것은 고스란히 그나마 사회생활을 하고 있는 내가 책임질 몫이 되었다. 단 한 번도 상상하거나 생각도 하지 못했던 일이 벌어졌음에 어안이 벙벙한 채 시간을 보낼 겨를도 없었다. 당장 집을 빼주어야 했고 가산을 정리해야 했으며 돈을 갚아야 했기 때문이다. 하루아침에 가장이란 타이틀이 입혀지고 나니 꿈속을 걷는 것 같았다.

이래뵈도 소싯적엔 중국공주로 불리던 나였다. 내 생일에 초대받은 친구들이 웬만한 음식점에서는 맛볼 수 없는 중국 요리가 잔뜩 차려진 모습을 보고 난 후 붙여준 별명이었다.

하루아침에 중국공주에서 빚더미에 나앉아 가장이 된 나는 거

처할 곳부터 찾아야 했다. 부자가 망하면 3년 먹고 산다는 말도 우리 집엔 해당되지 않았다. 돈 한 푼 손에 쥐지 못한 상태였기에 막막하기만 했다. 그때 손을 내민 친구가 있었다. 그 즈음 교회 청년회에 다니며 신앙생활을 하고 있었는데 나를 교회로 인도한 절친 친구였다.

"윤선아! 너, 우리 집에 와서 같이 살자."

고맙게도 방을 내준 친구네 집에서의 생활은 편했다. 물론 우리 집만큼 자유롭지는 않았어도 친구 부모님은 세상에서 가장 서러운 밥이 눈칫밥이라는 사실 조차 모르게 배려해 주셨다. 쓰리잡(Three-job)까지 뛰느라 늦은 귀가에 새벽같이 나가는 생활패턴에 맞춰주실 때면 죄송함과 고마움에 몸 둘 바를 몰랐다.

그렇지만 그 와중에서도 불편한 게 있긴 했다. 빨래였다. 친구 어머니는 아무 때나 빨랫감을 내놓으라 하셨지만, 다 큰 여자가 빨랫감을 내놓는 일은 여간 죄송한 게 아니었다. 그렇다고 혼자 화장실에 들어가 몰래 빨래하는 일은 더 이상하게 생각되어 난감했다. 몇 번은 빨래를 내놓는 척하며 버티다가 좋은 방법을 찾았다. 친구네 집 근처 세탁소에서 싼값으로 세탁을 해오는 것이었다. 세탁비가 아쉽긴 했어도 죄송한 마음보다는 덜했기에 과감히 세탁비에 투자했는데, 그러다가 결국 들키게 된 것이다.

그날도 마침 집에 아무도 없는 틈을 타서 세탁소에 맡겨 놓은 세탁물을 가지고 들어가는 길이었다. 그런데 나간 줄로 생각했던 친구와 방문 앞에서 딱 마주친 것이다.

　누가 먼저랄 것도 없이 서로의 눈에서 눈물이 쏟아졌다. 친구는 자신의 마음을 몰라주는 서운함과 미안해하는 내 마음까지 돌아보지 못한 자신을 탓하며 울었고, 나는 더 복잡한 심정이 분출되어 울어댔다. 그렇게 한참을 울고 난 뒤, 그제야 나는 친구네 집에서의 생활에 완전히 적응할 수 있었다.

　그 후 친구네 집에 얹혀 산 지 6년, 친구가 결혼한 후 교회 목사님 댁에 잠시 얹혀 살 때를 제외하고 다시 들어와 살다가 그곳에서 결혼생활까지 꾸렸으니, 거의 16년 넘게 친구네 집에서 산 셈이다. 한 번 인연을 맺으면 웬만해선 끊어지지 않는 천성은 집에서도 계속되는가보다. 어쨌든 친구 덕분에 중국공주에서 빚쟁이 딸로 추락하는 과정을 크게 다치지 않고 보냈다고 생각한다. 물론 신산한 삶의 고단함으로 인생의 쓴맛과 돈의 쓴맛을 알게 되면서 힘들지 않았던 것은 아니었다. 그래도 추락하는 것엔 날개가 있다는 말처럼, 이 시련마저 견딜만한 것이며 피할 길도 주시는 하나님의 인도하심이 있었기에 묵묵히 버틸 수 있었다. 또한 생전 남에게 아쉬운 소리 해보지 못하고 도와주는 것만 익숙하던 나는 도움도 받아가며 세상을 알아가는 새로운 삶을 맞이할 수 있었다.

6. 바닥 친 인생에서 희망을 붙잡다

어느 날 교회 청년회 수련회 준비로 한창 바쁜 와중에 엄마의 소식이 들려왔다.

"윤선아! 어머니가 쓰러지셨대."

사업 부도는 가정의 경제적인 근간을 흩뜨리고 사람도 피폐하게 만들었다. 부모님은 더 이상 삶의 희망을 찾거나 새로운 시작을 꿈꾸지 않았고, 무엇보다 정신적으로 신체적으로 나약해지셨다. 특히 엄마의 건강 악화는 눈에 띌 정도였다. 그래도 잘 버티셨는데 기어이 사단이 나고 만 것이다.

당시 나는 완전히 달라진 생활에 적응하며 살고 있었다. 몇 가지 직업을 전전하며 집안의 빚을 감당하고 있었다. 몸은 고되었지만 그래도 버틸 수 있었던 것은 온전히 신앙의 힘이었다. 청년회를 담당하시던 배형규 목사님은 나의 형편과 사정을 잘 알고 계셨기에 많은 도움과 위로를 주셨다. 바쁜 와중에도 교회 청년회 활동은 탈출구요 안식처였다.

엄마 소식을 들은 것은 주일이면서 연휴가 시작되는 첫날이었다. 청년회 수련회를 하루 앞두고 분주한 시간을 보내고 있었는데 쓰러지셨다는 연락을 받은 것이다. 정신이 하나도 없는 상태로 병원에 달려가 보니 상황이 심각했다. 급하게 엄마를 모시고 개인병원에서 종합병원으로 옮겼다. 눈앞이 노랗게 변했다.

"엄마, 엄마! 정신이 들어? 나 알아보겠어?"

엄마는 거의 정신을 차리지 못했다. 정신을 잃고 쓰러지셨다는데 무엇 때문에 정신을 잃으셨는지 상황을 모르는 나로서는 답답할 뿐이었다. 구급차를 타고 종합병원 응급실에 도착했을 때 연휴라 그런지 의사가 보이지 않았다. 그러던 중 엄마 몸에 갑자기 경련이 시작됐다. 온몸을 부르르 떨며 딱딱하게 굳어버렸는데, 나무토막같이 굳어진 엄마의 몸을 주무르며 급히 의료진을 불렀다.

"여기요, 여기 좀 와 주세요. 엄마, 엄마!"

의료진이 뛰어와 상태를 이리저리 살펴보는데 낯빛이 어두워졌다. 그들도 엄마가 왜 정신을 잃고 쓰러졌는지 파악하지 못했다. 게다가 응급상태에서 처방한 약의 부작용으로 온몸이 마비되는 등 심각한 상태가 되었다고 했다.

하늘이 무너져 내린다는 게 이런 상황을 두고 하는 이야기일까. 깨어나지 못할지도 모른다는 두려움은 큰 충격이었다. 그 상황에서 내가 할 수 있는 일이란 그저 기도하는 일 뿐이었다. 수련회를 떠나는 청년들에게 기도를 부탁하고 그렇게 하루를 보냈다. 온몸이 딱딱하게 굳은 채 양미간을 찌푸린 엄마의 표정을 보는데 마음이 너무 아파왔다. 아버지의 사업 실패는 큰 충격이었을 것이다. 게다가 가족 모두 살 곳이 없어 흩어져 살아야 하는 현실이 무엇보다 괴로웠을 것이다. 그 극심한 스트레스가 몸으로 왔을 것이고, 그래서 어쩌면 일어나지도 못하는 극단적인 상황에 이르렀는지도 몰랐다.

"일어나봐. 일어나기만 해."

밤새도록 엄마의 온몸을 주무르며 마음속으로 기도하는 일 외엔 할 수 있는 일이 없었다. 그렇게 하루가 지났을 때 딱딱하게 굳은 몸이 기적처럼 조금씩 풀어지기 시작했고 의식도 되찾았다.

"엄마, 정신이 들어?"

"그래……."

"정말이지? 아… 감사합니다."

엄마는 의료진의 예상을 깨고 일어났다. 의식이 돌아오자 상태는 금방 호전되었다. 그러나 문제는 병원비였다. 난감했다. 할 수 있는 것은 그저 기도하는 것뿐이었다. 그때 수련회를 마치고 돌아온 목사님과 청년회원들이 병문안을 왔다. 그들은 수련회 내내 어머니의 회복을 놓고 기도했고 돌아오자마자 병원을 찾은 것이었다. 너무도 고마워서 눈물이 났다. 그런데 그때 목사님이 봉투 하나를 내밀었다.

"윤선아, 이거 우리 청년들이 조금씩 걷은 거야. 병원비에 보태서 쓰렴."

"아, 아니에요. 와주신 것도 감사한데 이런 것까지……."

"아냐. 다들 자원하는 마음으로 낸 거야. 그간 하나님 일에 충성한 것에 대한 선물이다. 하나님은 더 큰 선물로 주실 거야."

하얀 봉투를 건네시는데 쉽사리 봉투 앞으로 손이 가지 않았다. 나도 모르게 울컥하며 눈물을 적셨다. 다른 이들에게 도움을 받는 일이 익숙하지 않은 탓인지 그걸 받아야 하는지 말아야 하는지 판단이 서지 않았다. 그러면서 들었던 생각은 그동안 남에게 도움을 주고 뭔가 사주는 데 익숙했던 나였고, 돈을 주기만 했던 나였는데, 돈을 받는 건 참 어렵다는 사실이었다. 그때 느낀 이 감정은 돈을 관리하는 지금까지도 잊지 않고 있다. 때로는 돈을 주는 건 쉬워도 받는 건 어려울 수 있다는 것. 그만큼 돈이 가진 어려운 속성, 돈을 대해야 하는 마음을 그때 느꼈던 것 같다.

"받아! 잘 받는 것도 은혜다. 사랑을 받아야 사랑을 나눌 줄도 아는 거야."

그렇게 청년회원들이 돌아갔고 나는 얼마 동안 봉투를 열어보지 못했다. 결국 엄마가 퇴원하는 날이 되어서야 봉투를 열어보게 되었다. 그런데 정말 내 눈을 의심할만한 일이 벌어졌다. 그곳에 담겨있는 금액은 더도 덜도 아닌 우리에게 딱 필요한 병원비용이었다.

"엄마, 이 돈이면 지난번 개인병원이랑 여기 진료비 낼 수 있겠다."

"그래? 정말 고마운 사람들이구나. 청년들이 무슨 돈이 있다 구…….”

부모님은 무기력한 상태에서도 도움을 준 이들을 향한 고마움 을 잊지 않았다. 그렇게 병원비는 목사님을 비롯한 청년들의 도움 으로 해결할 수 있었다.

한참이 지나고서야 그날 봉투에 담긴 돈의 출처에 대해 알 수 있었다. 그 돈엔 많은 이들의 사연이 담겨 있었다. 청년회에서 조 장으로 있다 보니 소위 뺀질거리는 조원들을 보면 마음이 안타까 웠다. 다들 좋은 가정환경에서 좋은 학교를 다녔고, 신앙의 가문 에서 자라 부러운 부분이 참 많았는데, 적극적이지 않아서 성장은 더뎠기 때문이다. 그들에 비해 나는 뭐하나 좋은 조건이 아니었 다. 그래서 조원들을 더 독려하며 청년회 활동에 참여하도록 했었 다. 그렇게 청년들을 지속적으로 설득해 수련회에 참여토록 했는 데 조장인 내가 참여하지 못해 미안한 마음이 컸다.

그런데 그렇게 참석한 청년들에게 변화가 있었다. 우리 집의 안 타까운 이야기를 접하자 그들의 마음이 열렸고, 나를 위해 기도하 기 시작했고, 자신의 주머니를 털어 모금을 했다. 원래 헌금주머 니를 돌리지 않는 우리 교회 특성상 헌금을 걷는 일은 매우 드물었 는데 수련회에서 청년들이 자원하는 마음으로 나섰다는 것이다. 그들 중엔 자신이 휴가에 쓸 비용을 몽땅 털어낸 친구도 있었다.

그 사연을 듣게 되면서 결심한 게 있다. 훗날 어떤 일을 하게 될지 모르지만 그들에게 받은 사랑을 몇 배로 갚아줄 것이며, 도움이 필요한 이들에게, 아니 도움 받는 게 더 어렵다는 것을 아는 이들이 미안한 마음이 들지 않게 묵묵히 돕는 사람이 되겠다고 말이다.

그 즈음 우리 집 형편은 거의 바닥이나 다름없었다. 경제적인 부분에서 바닥일 뿐만 아니라 인간관계에서도 바닥을 치고 있었다. 어려운 상황에서 알게 된다는 사람들의 진심을 확인하며 상처를 받고 있었기 때문이다. 그러나 모든 상황이 바닥까지 내려갔다고 마음까지 바닥은 아니었다. 내겐 희망으로 오신 하나님이 계셨고, 믿음의 사람들이 건네는 진정한 나눔과 사랑이 있었다. 그 바닥에서 나는 절망을 선택하지 않았다. 누가 봐도 충분히 절망할 수 있는 상황이었지만, 그 상황에서 희망을 붙드는 건 자신만이 할 수 있는 특권이기도 하다. 그 특권을 선택했기에 인생의 바닥에서 삶의 끈을 놓치지 않고 다시 올라올 수 있었다. 또한 돈 때문에 절망하지 않았고, 돈에 절망하지 않기 위해 더 열심히 살았고, 정말로 필요한 물질을 나누는 사람이 되겠다는 비전을 품을 수 있었다.

7. 사람을 얻는 힘, 경청

고객들과 만나는 시간을 100으로 놓는다면 그들의 이야기를 듣는 것은 90 이상을 차지한다. 나머지 10은 그것을 바탕으로 재무상담과 함께 포트폴리오를 계획한다. 우리 직업이 고객의 재무목표를 이해하고 그에 맞게 도달하는 데 도움을 주는 일이기에 고객이 원하는 바가 무엇인지 이야기를 하는 작업에 많은 시간을 투자해야 한다. 그래서인지 고객과 만나는 시간 내내 듣는 일의 연속이다.

그런데 어떤 고객은 이야기를 잘 꺼내 놓지 않는다. 성격 탓일 수도 있고 필요가 없다고 생각할 수도 있지만 그럴 때는 가능한 속에 있는 이야기를 꺼내 놓도록 한다. 그때 동원되는 것이 나의 이야기 일 수도 있고 세상사는 이야기 일 수도 있는데, 고객의 이야기를 끌어낼 수 있냐는 데에서 노하우의 유무가 결정되지 않을까.

한창 가정의 힘든 상황을 책임지던 시기라 쓰리잡까지 뛰며 일했다. 새벽부터 출근해서 6시 퇴근 이후, 또 다른 직업전선으로 향한 뒤 아르바이트로 일을 끝내면 밤 12시를 훌쩍 넘길 때가 많았다. 그렇게 일을 마치고 집에 들어가면 비공식적인 스케줄이 기다리고 있었다. 스물 셋에 신앙을 가지고 얼마 뒤 청년회에 나가게 되었다. 나를 교회로 인도한 친구의 권유로 나가게 된 청년회원들 사이에서는 친해지는 시간이 필요했다. 그런데 어느 순간 장막이 걷히듯 불신의 장막이 걷히면서 청년회에 스며들게 되었다.

청년회를 담당하시던 목사님과는 잊지 못할 인연으로 관계를 맺게 되었고, 그분을 통해 말씀도 공부하며 구원의 확신도 얻고 훈련도 받았다. 특히 나에 대한 목사님의 관심과 기도는 무척 컸던 터라 그런 관심과 사랑에 보답하면서 훈련에 늘 순종했다.

"윤선아. 목자를 해 보는 게 어떻겠니?"

"네? 제가 무슨 리더를 해요."

"네가 갖고 있는 마음, 사랑하는 마음만 있으면 돼."

이런 제안을 하셨을 때 나는 정말 부족한 점이 많았다. 그러나 신앙이 연수로, 인간적인 조건으로 그 질이 결정되는 것이 아니라는 것을 알게 되었고, 감사로 그 자리를 맡았다. 그때 이후 계속 리더의 자리에서 조원들과 삶을 나누고 있다.

조장의 자리에 있다는 것은 한 팀을 이끌어가고 있음을 의미했다. 교회에서 부르는 명칭이 바로 '목자'였는데, 조원이 되는 양떼들을 다른 길로 가지 않도록 보호하고 관리하는 역할을 하는 것이다. 한마디로 어머니의 역할을 해야 했다. 성경을 보면 우리를 양으로 표현한다. 양은 목자의 명령대로 움직이는 순종적인 존재이기도 하지만 무지해서 조금만 관리에 소홀해도 각기 제 갈 길로 가는 제멋대로인 습성도 가지고 있다. 나의 역할은 이러한 양같은 조원들을 돌보는 것이었다. 목자가 양을 돌보듯 돌봐야 하기에 방황은 금물이었다.

감사하게도 하나님은 나를 목자로 세우시며 끊임없이 훈련을 받게 하셨고, 기도하게 하셨기에, 한 번도 신앙의 기반이 흔들리지 않았다. 또한 중간중간 직업이나 직장을 옮기는 과정에 깊이 관여하심으로 살아계심의 흔적을 나타내 주셨다. 목자로서 면을 세워주신 것이다.

어쨌든 귀중한 직분을 갖게 되면서 내가 지속적으로 훈련했던 일은 '듣는 연습'이었다. 리더로 있으면서 만나게 되는 조원들은 해마다 바뀌었고 새로 생기기도 했는데 백인백색, 천인천색이 사람 사는 세상인 것처럼 교회 안에 모이는 이들도 삶의 스토리는 다들 달랐다. 특히나 상처 받은 영혼도 많았고 사랑을 원하는 영혼은 더더욱 많았다. 그 역할을 작은 목자로 세워진 우리가 해야 했다.

직장생활을 하는 동안 거의 하루도 빠짐없이 목자로서 조원들과 만나는 일을 이어갔다. 옛말 중에 '가지 많은 나무에 바람 잘 날 없다'는 말이 있듯이 교회 내 그룹도 가정과 똑같았다. 한창 청년기를 보내고 있는 목원들은 사회생활을 하면서 가지고 있는 고민, 이성간의 문제, 가족과의 문제 등을 나눌 대화상대를 원하고 있었다. 특히 신앙 안에서 해결해 나가고자 하는 마음 때문인지 목자인 나를 찾아 어떻게든 지혜롭게 해결하고 싶어 했다.

한번은 한 언니가 급하게 연락을 해왔다. 만나서 이야기하고 싶다는 말에 한달음에 만났다. 밤 10시가 훌쩍 넘은 시간에 만나서 이야기할 수 있는 장소는 그리 많지 않았다. 어떤 날은 교회에서 만나기도 하고 어떤 날은 동네 카페에서 몇 시간씩 이야기하기도 했는데 그날은 장소가 마땅치 않아 집 앞 길거리에서 만나게 되었다. 차를 한 잔 마시다가 그 장소가 일찍 문을 닫는 바람에 함께 걸으며 이야기한다는 것이 집 앞 골목에 자리를 잡게 되었다.

그렇게 시작된 언니의 이야기는 밤 12시를 훌쩍 넘기고 있었다. 그녀는 사랑하기 때문에 헤어질 수 없었고, 부모님은 여러 가지 조건으로 봐서 헤어지는 게 낫다고 헤어질 것을 종용하는 상황이었다. 게다가 교제하는 상대는 본인의 상황이 좋지 않기에 선뜻 뭐라고 결정을 하지도 못하는 애매한 상황에 놓여 있었다.

내가 봐도 답답한 현실이었다. 그 시간만큼은 나도 언니의 가장 가까운 사람이 되어 그녀의 감정을 충분히 느꼈다. 사랑의 감정이란 것이 이성으로 통제 가능한 것이 아니란 것은 알고 있었기에 부모님 앞에서 고민되는 그 언니의 심정을 충분히 공감할 수 있었다.

"언니, 정말 힘들 것 같아요. 나 같아도 고민될 것 같아요."

"맞아. 그런데 가장 속상한 건 남자친구의 반응이야. 사랑하고 있다는 건 알겠는데 뭔가 결단을 내려줬으면 좋겠는데 그러지 않는 게 가장 속상해. 난 정말 왜 이렇게 힘든 사랑을 하고 있는 거니?"

"언니, 그렇게 말하지 말아요. 우린 다 사랑받고 있는 사람들이잖아요."

"그래 그건 알지만……."

"언니 힘내요. 견딜만한 시험만 주신다고 하셨어요. 아마 이 일로 언니의 사랑을 더 단단하게 하시려는 계획일거에요."

"그럴까?"

"그럼요."

속상해하는 그녀를 붙들고 함께 울며 답답한 마음 속 이야기를 들어주고 나니 어느새 새벽 3시가 되었다. 한 다섯 시간을 그렇게 이야기하고 일어섰을 때, 언니는 어떤 결론을 얻은 듯 보였다. 자신이 교제하는 형제가 지금은 가난하지만, 하나님 안에서 귀한 교제를 하고 있고, 가장 중요하다고 여기는 가치관이 일치하기에 어떤 어려움이 있더라도 서로 기도하면서 부모님을 설득하기로 한 것이다.

"윤선아 정말 고마워. 너랑 얘기하고 나니까 살 거 같다. 가슴 한 쪽이 콱 막힌 것 같았었는데. 넌 정말 좋은 리더야."

"아니에요. 별로 해 준 것도 없는데요."

"아냐. 넌 최선을 다해 들어줬잖니. 그 자체로 큰 힘이 됐어. 넌 정말 좋은 사람이야. 너만큼 이야길 잘 들어주는 사람도 없을 거다."

　새벽 3시. 환한 별빛을 바라보며 집으로 돌아가는 길, 부족한 수면으로 인해 어질어질했지만 그래도 마음만은 풍족했다. 오늘도 누군가 한 사람의 마음을 함께 나누었다는 즐거움, 상처받은 마음에 조금이나마 위로를 주었다는 기쁨이 있었기 때문이다.

　듣는 연습, 아마도 청년회의 리더를 맡음으로 상대방의 이야기에 최선을 다해 들을 수 있는 자세를 익힌 것 같다. 그 당시에는 리더의 위치에 있다 보니 그래야 한다고 생각했지만, 몇 년이 지나 금융인에 길에 들어서고 수많은 고객들의 꿈과 삶을 설계하는 사람으로 살게 되면서 '잘 듣는 것'이 최고의 미덕임을 알게 된다. 아마도 오래 전에 지금의 나를 만들기 위한 계획된 과정이란 생각이 들면서 이 또한 감사하게 된다.

8. 너, 두 개의 TOT를 가져라

　나의 이력서에는 세 번의 이직 경력이 적혀 있다. 직장인들이 가장 고민한다는 이직을 두 번하고 독립회사 경영까지 세 번의 변화는 솔직히 나의 의지는 아니었다. 그렇지만 분명한 이끌림에 의한 이직이었고, 결국 금융인의 길을 걷기 위한 전초작업이었음을 깨닫게 된다.

나의 첫 번째 직장은 KBS였다. 그 당시 소중한 체험을 통해 신 앙생활을 하게 된 후 처음으로 기도라는 걸 했고, 그 결과 예상치 도 않던 좋은 직장이 허락되었다. 당시 그래픽디자인을 하겠다고 지원한 우수한 인력이 무척 많았는데도 내가 선발된 것은 예상외 의 결과였다. 마치 그동안 마음고생하면서도 치열하게 살았던 것 을 보상하는 선물이란 생각이 들었다.

누구나 방송국에 대한 막연한 동경심이 있듯이 입사한 방송국 에서의 생활은 재미있었다. 입사 초기만 하더라도 아버지의 사업 이 승승장구하셨기에 물질의 부족함 없이 나 혼자만 잘 건사하면 되었다. 새내기로 실수도 하고 덤벙거리기도 했지만 영상을 통해 화면에 새로운 옷을 입히는 일은 충분히 매력적이었다. 특히 대 학 교수님이 경영하시던 사무실에 무작정 찾아가 인턴생활을 했 던 경험은 큰 도움이 되었다. 그때 그야말로 허드렛일을 거들며 참 열심히 일했고, 그로 인해 컴퓨터 앞에만 앉으면 속이 울렁거리는 전자파병까지 얻었다. 그리 좋은 기억은 아니지만 힘든 사회생활 을 경험한 덕분인지 방송국이란 조직의 생활은 그나마 할만 했다. 새로운 마음으로 희망을 발견하며 일하는 시간이었다. 그러나 그 희망은 오래가지 못했다.

사회로 나가자마자 갖게 된 첫 직장에서의 삶은 치열했고 약간의 재미를 발견하다 점차 고되게 다가왔다. 개인적으로는 아버지 사업의 부도와 함께 집안의 빚을 감당하는 처지가 되었고 직장에서의 생활도 점점 힘든 일이 많아졌다.

우리나라 방송국이란 조직은 특수한 조직이다. 그래픽디자인은 방송의 아주 작은 부분을 맡고 있지만 없어서는 안 되는 중요한 부분이란 사명감을 가지고 일했다. 일 자체로만 봤을 때 재미도 있었고 잘 한다는 칭찬도 받았다. 그러나 문제는 그 뒤에 얽힌 조직 문화에 있었다.

조직은 때때로 조직을 위한다는 이유로 개인의 희생을 강요할 때가 있었다. 분명히 조직원으로 해야 할 의무와 책임을 다했음에도 어떤 때는 더 많은 것을 요구하기도 했다. 야근이나 조근과 같은 일은 그럴 수도 있는 일이었고 얼마든지 일에 따라 유연하게 움직일 수 있었지만, 하지 않은 일을 했다고 해야 할 때도 있었고 부당한 일을 짊어져야 할 때도 있었다.

그러던 참에 결정적인 사건이 있었다. 나와 가까운 동료가 당한 부당한 일을 목격하게 된 것이다. 벌써 십 수 년도 훨씬 이전의 일이었지만 아직까지 아픈 상처로 남아 있는 것을 보면 그때 충격이 컸던 것 같다. 내가 근무하던 곳의 분위기는 그럭저럭 좋은 편이었다. 방송을 만들고 그 위에 옷을 입히는 작업은 언제나 분주했고 사람들이 살을 부대끼며 일해야 했는데, 그러던 중 동료 한 사람이

다른 상사로부터 부당한 일을 당했다. 그 부당한 일은 성(性)적인 부분에서 일어났고, 일파만파로 번질 지경에 이르렀다.

나는 그 동료를 아꼈고 믿었기에 상대적으로 약자가 될 수밖에 없는 동료의 편에 섰는데, 결과는 아주 이상한 방향으로 흘러갔다. 처음엔 좋은 게 좋은 거라며 그 사건 자체를 무마하려는 윗선들의 치사한 모습을 목격했고, 그것이 여의치 않자 오히려 죄를 덮어씌우고 단죄하는 어이없는 모습을 목격했다. 말하자면 조직을 위해 희생하라는 식의 강요를 한 것이다. 결국 동료는 굴복했고 아무 잘못이 없지만 스스로 조직을 떠났다.

이 일로 많은 고민이 있었다. 결정적으로 부서 이동에 휴일근무도 많아졌다. 그렇다고 가정의 경제를 책임져야 하는 나로서는 덜컥 일을 그만둘 수도 없었다. 그 부분을 놓고 기도하며 기다렸을 때 선배 중 한 사람이 MDRT 협회를 소개해 주었다. 생전 처음 듣는 단체였고, 방송국에 비하면 불안할 수도 있는 곳이었지만, 다행히 그곳으로 옮기면서 금융인으로 발을 디딜 수 있었으니 인생의 계획은 알 수 없는 것이었다.

직장과 직업을 바꾸는 과정 속에서 인생이 내 생각과 계획대로 펼쳐지지 않는다는 것을 철저히 깨달았다. 실제 직장을 그만두고 금융인의 면면을 보게 된 협회에서의 일, 그곳에서 금융인의 맛만 보다가 실제 금융인이 되었던 일은 나의 계획에는 전혀 없던 일이

었다. 그런데 10년이 넘은 지금도 난 그 길을 걷고 있다. 성경에
보면 계획은 사람이 하지만 그 길을 인도하는 분은 하나님이시라
는 말씀이 나온다. 그 말에 전적으로 동의한다.

그래픽디자이너에서 금융인으로 직업을 옮기게 되었을 때는
두려움이 컸다. 기도 응답으로 결단을 내린 것이지만, 아무것도
모르는 초보가 감당해야 할 현실은 사실 암담했다. 경험이 없다는
것도 걱정이었지만, 고객을 몇 명 쌓아둔 채 시작한 것도 아니었
으니 월급 0원으로 버텨야 했기 때문이다. 그런데 오래지 않아 고
객이 생겨나고 덩달아 고객이 붙는 현상까지 더해지며 월급 0원은
면하게 되었으니 신기할 따름이었다.

그렇게 초보 금융인으로 고군분투하고 있을 때였다. 주말이 되
어 목사님께서 청년 목자모임에 참석한 나를 보시곤 새로 시작한
일에 대해 물으셨다. 꾸며서 얘기할 자신이 없던 나는 힘든 상황
을 담담히 전했다.

"목사님, 지금 좀 어렵긴 해요. 제가 워낙 아는 게 없어서요."

"누군 처음부터 알면서 시작했니?"

"맞아요. 다 배우면서 하는 거죠. 그래서 그렇게 하려구요."

누구보다 나를 걱정해 주시는 그분의 안타까운 눈빛을 알기에
그날 모임을 더 열심히 했던 것으로 기억한다. 그리고 든든했다.
누구보다 날 위해 기도해 주실 분이었기에.

또 얼마나 지났을까. 교회 리더들을 위한 훈련 프로그램이 공개됐다. 그 훈련 프로젝트의 제목은 TOT, 즉 'Target on Time' 의 약자로 하나님의 시간에 하나님에게 초점을 맞추라는 의미였다. 그 제목을 보면서 나는 신기한 마음에 목사님께 이런 말씀을 드렸다.

"목사님, 여기도 TOT네요. 저희 금융인들 중에 최고 실적을 낸 사람을 TOT라고 하거든요."

"하하, 그래? 그럼 너도 나중에 TOT 되면 되겠네."

"네? 에이. 우리나라엔 거의 없는 타이틀이고 그 근처 타이틀만 얻는다 해도 기적일 텐데요."

"윤선아! 넌 될 수 있어. 꼭 TOT 돼라. 아니 될 거다. 네가 꼭 TOT가 돼서 평생 TOT 교사로 살아주기 바란다. 그리고 책도 내면 되겠다. 그렇지?"

그 날은 과도한 꿈을 꾸고 계시다는 생각에 웃어넘겼다. 그런데 그 선포가 몇 년 뒤 이루어졌다. 아무것도 모르는 FP로 시작해 좌충우돌, 고군분투하던 시간이 흐르고 난 뒤 TOT가 되었다는 소식이 들려왔다. 그때 제일 먼저 생각난 말은 목사님이 나를 향해 선포하셨던 그 말씀이었다. 목사님이 대단한 예언가였던 것도 아니었다. 다만 우리 말 중에도 말이 씨가 된다는 속담이 있듯, 목사님이 나를 향해 뿌린 말씀의 씨앗이 꿈과 노력, 비전과 함께 열매를 맺게 되었다고 생각한다.

나는 금융인이기도 하지만 말을 많이 하는 직업이기도 하다. 고객과 만나 이야기를 하고 회사로 돌아와서는 직원들과 커뮤니케이션을 하며 지낸다. 그래서 소통이 없이는 어떤 일도 할 수 없음과 말의 위력이 얼마나 큰 지를 매번 느끼고 있다. 나는 적어도 소통의 부재, 따뜻한 말이 없는 조직의 분위기는 만들지 않으려 애쓴다. 그리고 지금은 천국으로 떠나 나의 마음을 아리게 만드는 목사님의 선포와 같은 세움의 말을 하려고 노력한다.

"당신이 가진 능력은 상상하는 것 이상으로 크답니다. 인간이 평생 뇌의 2% 밖에 사용하지 않는 것처럼 안타까운 일이 없듯, 당신의 능력 120%를 사용하세요. 무엇을 상상하듯 그 이상의 능력이 있을 테니까요."

이런 말을 나에게, 고객에게, 내가 만나는 이들에게 선포하고 싶다. 그 선포는 내가 입증했듯 언젠가 반드시 이루어질 것이다.

9. 영심이 친구 경태와 결혼하다

만화 '영심이'를 보면 경태라는 친구가 나온다. 늘 영심이 곁을 맴돌며 여자 친구를 돕고 때론 남자친구로, 때론 여자 친구가 되어 있는 듯 없는 듯 시간을 함께 하던 친구 경태, 그 경태와 같은 친구가 내게도 있었다.

학창 시절과 청년 시절을 거치는 동안 내게도 이성에 대한 관심은 있었다. 대학입시를 준비하면서 가슴 아픈 첫사랑을 경험하기도 했다. 그러나 대학시절의 방황과 가정의 급격한 변화를 겪으면서 이성교제는 꿈도 꾸지 못했다. 주변에 이성들은 많았지만 그들과 감정을 나누는 일은 생각지도 못했다.

'과연 내가 사랑을 할 수 있을까. 날 이해해주는 사람을 만나 남들처럼 평범하게 교제를 할 수 있을까.'

이런 의문은 자존감과는 조금 다른 문제였다. 나의 팍팍한 현실을 이해해 줄 만한 사람이 별로 없을 거라는 생각에 아예 이성 간의 사랑은 접고 살았다. 반면 청년회 활동을 통해 조원들과 이성 간의 문제를 함께 나누고 그들의 고민에 귀를 기울였다.

어영부영 20대가 흘러갔다. 그 흔한 데이트도 없이 엄청나게 바쁜 나날을 보내고 있을 즈음, 교회 청년회를 담당하시던 목사님께서 내가 답답했는지 한 분을 소개시켜 주셨다. 목사님 소개라 무척 조심스러웠고 나름 잘 해보려 노력했지만, 이성적인 끌림이 전혀 생기지 않았다. 아무래도 짝이 아닌 것 같았다. 그 교제를 끝내고 난 어쩌면 결혼을 안 하게 될 지도 모른다는 생각을 했던 것도 같다. 나의 상황을 완벽히 이해해줄 만한 사람이 나타나지 않을 것 같다기보다, 나의 가정사를 여유 있게 말할 넉넉함이 내 속에 없는 건 아닌가 싶기도 했다. 이런 마음과 함께 결혼을 하지 않아도 괜찮다, 결혼하지 않을 수도 있다고 생각할 즈음의 어느 날이었다. 횡단보도 신호에 걸려 서 있는데 옆 차에서 클랙슨이 울리며 누군가 손을 흔들고 있었다. 교회 청년회 친구였다.

"윤선!"

"어? 어디가? 와… 반갑다. 목사님 만나러 가는구나?"

"아냐. 너 만나러 가는 길이었어. 저쪽에서 만나자."

친구는 길 건너편을 손으로 가리켰다. 청년회에서 6-7년간 함께 활동하던 경태 같은 친구, 늘 함께 신앙생활하고 활동하며 20대를 보낸 친구가 그날따라 좀 이상하게 보이긴 했다. 잠깐 보자는 말에 차를 돌려 가는 동안, 차 안에서 아주 엉뚱한 생각을 했다.

'어? 저 친구가 사귀자고 하면 어떡하지?'

한 번도 고백 같은 건 해보지도 않았고 그런 일이 가능할 것 같지 않은 친구사이였지만 그날따라 나랑 얘기 좀 하자는 친구의 말에 이상한 상상까지 하다니 나도 모르게 피식 웃음이 나왔다. 어쨌든 굉장히 복잡한 생각을 하며 친구와 만났다. 여자 친구들보다 더 자주 만난 그 친구는 그날따라 뭔가 주저하는 눈빛이었다. 장난을 걸며 무슨 일이냐고 묻자 그 친구가 굉장히 어렵게 운을 뗐다.

"실은 많이 생각하고 널 만나러 가는 길이었어."

"그래? 근데 왜 이렇게 심각해? 무슨 일인데?"

"넌 날 어떻게 생각하니?"

"뭘 어떻게 생각해. 좋은 친구라고 생각하지."

"나는 이젠 좋은 친구가 아니었으면 좋겠어. 많이 생각했는데 너랑 이성적으로 만나고 싶다. 그리고 결혼하고 싶어."

"어?"

그야말로 기습공격이었다. 잠깐 동안이지만 차 안에서 느낀 묘한 직감이 맞았다. 역시 여자에게 특별한 직감이란 것이 있기는 한가보다. 그렇지만 그 순간은 한가하게 직감 얘기하고 있기엔 좀 당황스러웠다.

"그랬구나. 야, 나를 그렇게 봐줬다니 정말 고맙긴 하다."

"목사님께도 1년 전부터 내 마음을 말씀드렸는데 넌 아직 누구와도 교제할 마음이 없는 것 같으니까 신중하게 생각해 보라고 하시더라. 그래서 생각 끝에 널 찾아온 거야. 네 마음이 제일 중요하니까."

"그래. 어쨌든 고마워. 좀 당황스럽긴 하지만 네 마음 존중할게. 나도 기도해 볼 시간이 필요할 것 같아."

그날 급작스레 고백을 받고 나는 얼마간의 시간을 두었다. 기도해 보자며 친구를 돌려보냈지만 그 친구를 받아들이고자 하는 마음이 없었다. 아니, 그럴 마음의 여유가 없다는 표현이 더 정확했을 것이다.

여자 친구보다 더 여자 친구처럼 지냈던 그에게서 남다른 감정을 느끼고 있었다는 고백을 들은 뒤에도 우린 아무렇지 않게 교회에서 만나 이야기 했다. 그러고 보니 그동안 지나가는 말로 내게 특별한 감정을 표현한 것 같기도 했다. 워낙 이성에 관심 없던 내가 몰랐을 수도 있지만 그건 그리 중요치 않았다. 알았다고 해도 마음이 흔들리지 않을 것 같았기 때문이다. 그때까지만 해도 어느 정도 시간이 흐른 뒤 마음을 받아들일 수 없다고 말하면 우린 다시 예전의 관계로 돌아갈 거라 생각했다.

우린 정말 아무렇지 않게 지냈다. 고백한 사이가 맞나 싶을 정도로 덤덤했던 우리 관계에 큰 바람이 분 것은 얼마 뒤 청년회원들이 모여 이야기를 나눌 때였다. 그날 청년들이 모여 비전에 대한 이야기를 나누고 있었다.

비전이란 우리가 흔히 말하는 꿈과는 좀 다른 의미다. 비전은 한마디로 미래의 그림이다. 미래에 대한 상상, 그 모습을 떠올릴 때 가슴이 뛰고, 그 뛰는 가슴을 안고 신나게 달려갈 수 있는 사명이 바로 비전이었다. 신앙을 갖게 되면서 끊임없이 비전에 대해 생각했다. 초등학교 시절 실내디자이너가 되겠다는 직업은 비전이 아니었다. 직업은 비전을 이뤄가는 작은 수단에 불과하며, 그보다 더 포괄적이고 궁극적인 삶의 목적과 지향점을 비전으로 삼아야 한다. 나는 어느 정도 비전이 세워지고 있는 중이었다.

그 날 함께 모인 청년들은 진지했다. 다들 본인이 생각하는 비전에 대해 어렵게 이야기를 꺼내기 시작했고 나 역시 열심히 듣고 있었다. 그러던 중 그 남자 친구의 차례가 돌아왔다. 오랫동안 같은 모임에서 만나면서도 서로의 비전에 대해 진지하게 이야기를 나눠본 적은 그때가 처음이었다. 어쩔 수 없이 그의 말에 귀를 기울이게 되었다. 그의 생각이 궁금하기도 했다.

"저는 오랫동안 꿈꿔왔던 비전이 있습니다. 저는 앞으로도 청년들과 함께 꿈꾸고 삶을 나누며 그들을 세우는 사람이 되고 싶습니다. 사람을 세울 수 있는 능력을 개발해 그들이 방황하지 않고 자신의 분야에서 바르게 설 수 있도록 도움을 주고 싶습니다."

그 친구의 비전을 전해 듣는 순간 망치로 머리를 한 대 맞은 기분이 들었다. 그의 말은 바로 다음 순서에 내가 할 말과 꼭 닮아 있었기 때문이다. 이런 것을 두고 인연이라고 해야 할까, 아니면 운명이라 해야 할까. 남녀가 만나 짜릿한 감정을 느끼는 것도 운명이라고 하지만, 서로 생각하는 바가 같고 게다가 비전을 공유하는 것은 또 다른 짜릿함으로 다가왔다.

그날 나는 그 친구 순서의 뒤였기에 같은 말을 되풀이할 수 없어 엇비슷하면서도 다른 말로 얼버무리긴 했지만 경태같이 내 곁에 머물렀던 그 친구와 짝이 될 거란 생각을 했다. 그리고 그 예감은 적중했다.

나는 지금 그와 결혼하여 삶을 이어가고 있다. 그동안 나는 과감히 직업을 바꾸었고 여전히 바쁜 길로 걸어가고 있다. 남편이 된 남자 친구는 자신이 가장 잘 할 수 있는 분야를 찾아 일하며, 여전히 청년회에서 함께 활동하며 살아가는 중이다. 우리는 '사람을 세워가겠다'는 비전을 각자의 무대에서 실현해가며 살아가는 중이다.

아직 아이를 허락해 주지 않으셔서 자녀 없이 신혼처럼 살고 있지만 훗날 아이가 생겨 내게 아빠랑 왜 결혼했냐고 묻는다면 무지갯빛 사랑으로 꾸며서 얘기할 자신은 없다. 대신 제대로 데이트할 자금 조차 없었던 가난한 연인이었지만, 내게 부어준 따뜻한 마음과 서로를 위해 축복해주는 마음만큼은 넉넉했다고 말할 수 있다.

남편은 지금도 나의 훌륭한 외조자가 되어주고 있다. 파릇했던 청춘에는 부자에서 가난의 바닥까지 경험하며 분투하던 내 상처를 감싸주었고, 사람으로 인한 상처 때문에 힘들어할 때에는 기대야 할 곳은 사람밖에 없다며 나를 세워주었다. 금융인의 길을 걸어가고 있는 지금, 온종일 얼굴도 보지 못할 정도로 일에 매어 있는 아내를 향해 한 번도 얼굴을 붉히거나 서운해 하는 기색 없이 오히려 묵묵히 도와주고 있다. 공황장애가 있어 비행기 타는 것이 누구보다 두려운 아내를 위해 손수 침술까지 배워가며 비행에 동반하는 등 남모를 배려가 나의 오늘을 이루었다고 생각한다. 한 번도 상처 받지 않은 것처럼 사랑할 수 있도록 순수한 사랑을 부어주는 남편은 가족의 의미를 다시금 정립해주고 있으며 살아갈 힘이 되고 있다.

10. 돈을 넘어 가정 이루기

"부사장님은 경제적으로 어려웠던 적 없으시죠? TOT잖아요."

이런 이야기를 들을 땐 그저 웃는다. 사람들은 현재의 모습으로 상대방을 판단한다. 자기와 비교해서 자신이 부족하다고 생각하면 비관하고 자신이 우월하다고 생각하면 우쭐댄다. 그러나 삶의 현재 모습 속엔 지나온 시절의 스토리가 담겨 있다. 그 스토리가 훨씬 중요하다. 그 사람의 현재를 만들었고 앞으로 어떻게 변할지 그 스토리 속에 답이 있기 때문이다. 그래서 지금도 나는 고객과 만날 때나 직원들의 인사 문제에 관여할 때면 그들의 살아온 스토리와 그 속에 담긴 그들의 정서를 중요하게 여긴다. 과연 그 사람이 희망을 붙들고 살아왔는가, 또 희망을 붙잡고 살아갈 것인가. 만일 그러한 정서가 기저에 흐르고 있다면 그와 만나는 시간은 아깝지 않다.

경태와 같은 남자 친구와 결혼을 해야겠다고 마음을 먹었을 때,

나는 수중에 한 푼도 없었다. 남자 친구도 마찬가지였다. 당시 나는 여전히 빚을 갚아나가고 있는 실정인데다가 목사님 댁에 얹혀 살고 있을 때였다. 나이 서른을 바라보는 두 남녀가 교제를 시작했고 교제 사실이 조금씩 알려지면서 결혼에 대해 궁금해 하는 이들이 많았지만 결혼할 형편이 못 되었다. 우리는 양가 어느 한 쪽도 도움 받을 만한 곳이 없었다.

"어떡하지……."

답이 안 나오는 상황이었지만 절망하진 않았다. 우리를 오랜 시간 알아가게 하셨으니 분명히 살아갈 길도 마련해 주실 거란 희망이 있었기 때문이다. 그러던 중 절친으로부터 연락이 왔다. 나의 교제소식을 알고 나보다 더 신경을 써주던 친구, 가장 힘들고 바쁜 시기를 그 친구 집에서 보냈기에 더욱 애틋했던 사이였다. 나보다 먼저 결혼을 했던 친구의 목소리는 밝았다.

"윤선아. 너, 우리 친정집 건물 1층으로 들어와 살아라."

"아니, 어떻게?"

"마침 세 들어 살던 사람들이 나갔는데, 어머니가 너 결혼하면 들어와 살라고 하셔. 다른 사람 들어오는 거 싫으시데. 넌 우리 가족이나 다름없잖아."

"그래도 되는 거야?"

"당연하지. 어머니가 너 꼭 들어와 살라셔."

결혼 날짜도 정하지 않은 상태에서 저절로 집이 구해졌다. 더 신기한 일은 그 다음에 생겼다. 전자제품 대리점을 하고 계시던 친구 시어머니께서 갑자기 사업을 그만두시게 되면서 매장에 있는 제품들을 완전 떨이로 우리에게 주신 것이다. 어차피 얼른 처분해야 하는 것이고 마침 우리가 결혼 이야기가 오가고 있다는 것을 아시곤 살림에 필요한 전자제품 일체를 아예 친구네 집으로 옮겨 놓으신 것이다.

마치 주변에서 짠 듯이 상황이 흘러가고 그 중심에 서 있게 되면서 내 자신이 축복의 근원이 되고 있음을 느낄 수 있었다. 인간적인 생각으로 보면 가능할 것 같지 않은 일들이 계속되는 것은 커다란 선물이자, 희망을 붙잡으라는 사인이었다.

2002년 결혼을 하게 된 뒤, 우리 부부는 많은 변화를 겪었다. 나는 선배의 권유로 FP가 되었고 남편은 새롭게 직장생활을 시작하며 본의 아니게 외조를 해야 했다. 나는 날마다 바빴고 밤새도록 남편의 도움을 받아 자료 정리와 고객관리 등 컴퓨터 관련 업무를 이어갔다.

결혼 후에도 형편은 나아지지 않았다. 여전히 나는 집안의 빚을 갚아가는 처지였고 어려운 환경에서 성장한 남편도 빠듯한 살림을 이어가야 했다. 그러나 돈 앞에 굴욕적이거나 비참하지 않았다. 넉넉하지는 않았지만 안타까운 일을 당하지 않도록 때를 따라 채워주시는 은혜를 경험했다. 우리는 희망을 붙잡았고 겸손해지려고 노력했다. 이미 가진 것을 잃는 경험도 했고, 아무것도 없는 상태에서 채워주시는 은혜도 경험했기에 물질적인 면에 있어서 더욱 겸손해야 한다는 것을 느낄 수 있었다. 그래서 더 많이 갖는 것에 연연하지 않을 수 있었다.

그러다 시간이 지나면서 고객들의 재무를 설계하고 자산을 관리하는 일을 하다 보니 관리하는 자산 규모가 커졌고, 실적이 쌓여감에 따라 연봉도 급속도로 불어났다. 돈 때문에 울고 웃는 이들을 많이 보았고, 돈이 주는 매력과 마력도 알아갔다. 그러나 그 돈에 사로잡히지 않을 수 있었던 것은 부부가 공유했던 경제관 때문이었다. 나와 남편은 경제력에 대해 어느 정도만 공유하고 각자의 영역을 존중하면서, 물질의 청지기 사명을 다하자는 경제관을 가졌다.

그 청지기 역할을 소홀히 여기지 하지 않았기에 나의 것을 내려놓는 일이 가능했던 것 같다. 욕심을 내려놓는 것은 희망을 붙잡는 일이며, 물질에 연연하는 것은 희망을 놓치는 일이다. 이 원리는 내 삶에 참 중요한 부분이 되었다. 그래서 지금도 진정한 청지기적인 삶을 살아가고 있는지 늘 질문하곤 한다.

3

최고의 업(業)과 만난
돈의 여정들
MDRT 직원에서 TOT까지

직업이란 단어에서 중요하게 여길 부분은 業이다.
어떠한 일을 하느냐, 그 일이 어떤 의미로 다가오는지에 집중할 때
그 사람의 직업관이 인생관과 연결지어진다.
시작은 미약하다.
그러나 지위고하를 떠나 어떤 일을 하는가,
그 일이 당신을 얼마나 열정적으로 만드느냐에 따라
이글거리는 삶을 디자인한다.
당신은 그 업이 있는가.

chapter 3

이글거리다

를 바라는

Chapter 3 燉 돈 이글거리다.

최고의 업(業)과 만난 돈의 여정들

MDRT 직원에서 TOT까지

1. 필연은 우연처럼 다가온다

"MDRT 협회요? 그게 뭐하는 회사에요?"

"밀리언 달러 라운드 테이블(Million dollar round table)이라고 해서 전 세계 금융 보험인들 중에서도 실적과 실력이 출중한 사람들이 모인 협회야."

"보험인이요? 아휴 저 싫어요. 보험 하는 사람들은 저랑 안 맞아요."

"에이, 누가 너보고 보험 하랬어? 그리고 그 협회는 네가 생각하는 보험과 차원이 달라. 보험 증권 은행 전문 인력들이 얼마나 많은데."

"그래도 보험이잖아요."

이 정도로 나는 보험이란 말에 거부 반응을 보였다. 어린 시절부터 부모님은 보험에 대해 그리 좋은 인상을 가지고 계시지 않았다. 웬만해선 직업에 이렇다 할 평가를 내리지 않던 분들이셨지만, 은연중에 누가 보험 이야기를 꺼내면 고개부터 젖곤 하셨다. 그러한 부모님의 모습을 기억하기에 나도 모르는 사이에 보험이란 말에 민감한 반응을 하게 되었다. 사실 보험이 정확히 무엇인지 아는 것도 아니었다. 그동안 살아오면서 내 손으로 보험을 들어본 적도 없을 뿐더러 직접 돈을 내고 보험을 들어야 하는 상황도 아니었기 때문이다.

그런데 상황이 갑자기 바뀌었다. 이직을 권유받았을 때 나는 삶에 허덕이고 있었다. 갑작스레 집안이 어려워지면서 가장이 되었다. 전공을 살려 입사한 KBS에서 죽어라 일했지만 직장생활은 사회적 경험을 쌓게 해주는 동시에 사회적 상처도 주었다. 딱히 햇병아리 신입사원에게 가해지는 불이익은 아니었지만 거대한 방송 조직에서 일어나는 일들 중에 내가 받아들이기 쉽지 않은 부분이 있었다.

당장 돈을 벌지 못하면 살 수 없는 형편이었기에 쉽사리 그만두지 못할 즈음 MDRT 협회를 소개받았기에 고민이 되었다. 고민을 얼마쯤 하다가 마침내 옮기기로 결심을 내린 데에는 주말 근무를 하지 않아도 된다는 것이 큰 이유가 되었다.

그렇게 금융 쪽과 첫 인연을 맺게 되었다. 대기업을 나와 불안한 마음이 들었지만, 막상 입사하고 나니 그간의 편견이 얼마나 컸었는지 알게 되었다. 생전 처음 들어본 MDRT는 그동안 생각하던 그런 보험인들의 그룹이 아니었다. 원래 미국에서 시작된 이 협회는 생명보험 판매 분야에서 명예의 전당으로 여겨지는 단체로, 이제는 금융재정전문분야에서 대단한 역할과 위치에 있는 이들의 집단이었다. 그 협회의 회원이 된 이들은 단순히 보험을 판매하는 것이 아닌, 고객의 인생을 함께 설계하고 재무목표를 달성하는 동시에 그들의 꿈을 이뤄가는 동반자이자 프로페셔널이었다. 무엇보다 전 세계의 금융인들이 이 협회 회원이 되기 위해 노력하고 있다는 사실을 알았고, 그들이 올리는 실적이 어마어마하며 그로 인한 연봉도 엄청나다는 사실을 알게 되었을 땐 충격이었다.

한국 MDRT 협회는 2000년에 발족한 협회로 MDRT 본부로부터 6번째 챕터로 정식 인증을 받았다. 워낙 재정 금융에 대한 관심도가 높아지고 이쪽 분야에 일하는 이들이 많아지면서 회원 보유수도 늘고 있었다.

그곳에서 내가 하는 일은 협회 홍보에 관한 일이었다. 한국 협회에서도 회원들의 전문성을 높이기 위해 강연을 진행하기도 하고 해마다 세일즈 아이디어와 노하우를 교류할 수 있는 전 세계적 규모의 연차 총회, 세미나 등을 진행하기도 했다. 그 모든 행사와 홍보를 위한 일을 맡았고 홍보부서에서의 일은 그럭저럭 할 만 했다.

"윤선아 너 그러다가 금융인 되는 거 아니니?"

나의 근황에 변화가 생겼다는 것을 알게 된 친구들이 지나가는 말을 건넬 때는 절대 그럴 일 없다며 손 사례를 쳤던 기억이 난다. 전혀 생각지도 못한 곳에 입사하면서 새로운 직업세계를 알게 되었지만 금융쪽 분야는 평생토록 나와 상관이 없을 거란 생각을 했기 때문이다. 그때 나의 심정은 '불가근불가원', 즉 너무 가깝지도 너무 멀지도 않게 맡겨진 임무만 착실하게 임하지는 것이었다.

그러던 어느 날, MDRT 연차총회에 참석하게 되었다. 이 대회는 전 세계 베스트 FP들이 한자리에 모이는 대회로, 한 해의 금융자산관리 실적이 좋은 금융인들의 모임이었다. 나는 한국 협회 홍보팀장으로 따라가게 되었다. 그 당시 동료와 함께 가서 작업을 하기로 했으나, 동료의 가정에 문제가 생기는 바람에 혼자 가야만 했다. 비행기를 탈 때부터 낯선 미국 땅의 총회 장소를 우여곡절 끝에 도착했던 기억이 난다.

그때 약간의 문화적 충격을 받았던 것 같다. 전 세계적으로 활동하는 금융인들, 그것도 아무나 될 수 없다는 MDRT 회원들이 모인 자리였기에 그들의 권위는 남달랐다. 그들은 자기 자신이 하고 있는 일에 대단한 자부심을 느꼈고 한결 여유 있는 표정과 매너로 행사를 즐겼다.

"윤선 씨, 강의는 안 들어?"

"네? 꼭 들어야 하나요?"

"아니, 금융인이 아니니 굳이 강의는 들을 필요는 없지. 그래도 할 일 없으면 들어보면 좋을 거야. 다 우리한테 필요한 얘기니까."

그 말을 듣고 나니 왠지 그들이 무슨 이야기를 하는지, 세계적인 FP는 어떻게 영업을 하는지 궁금했다. 그 호기심이 날 이끌었고 결국 강의까지 들어가게 되었다. 그 강의 내용은 금융인에 대한 편견을 완전히 날려버렸고, 내 삶에 큰 영향을 주었다.

알고 보니 그 강의를 담당했던 강사는 아주 유명한 재정관리 전문가였다. 그 날 그의 강의를 들으면서 깊이 공감했다. 참 맞는 말이었다. 진심으로 재정을 관리하는 것은 위험을 대비하도록 방패를 쳐주는 일, 빚을 낼 수밖에 없는 어려운 고객, 즉 학생이나 부채가 있는 이들에게 전문가로서 조언을 해주는 것이 더 중요하다는 생각이 든 것이다. 또한 금융인들이 꼭 부자를 꿈꾸거나 돈에 연연하지 않는 이들이며, 결국 재정을 잘 관리하는 것이 개인의 이익뿐 아니라 사회적인 유익이 된다는 넓은 마인드가 마음을 흔들어놓았다. 당시 현실적으로 어려운 재정의 터널을 지나가고 있었기에 더욱 공감했는지도 모르겠다.

게다가 그 강사는 한 가지 상품을 판매하는 회사가 아닌 단기-중기-장기 인생 플랜을 모두 컨설팅할 수 있는 회사의 종합관리사라서 더욱 생소했다. 당시 우리나라엔 이런 회사가 없었기 때문이다.

신기하게도 그 날의 일은 신선한 경험으로만 끝나지 않았다. MDRT들의 세계로 한발짝 다가섰다고 생각하는 순간, 생각지도 않은 기회가 우연처럼 바짝 다가왔기 때문이다. 사실 지금도 난 금융에 대해 아무것도 몰랐던 사람이 금융인으로 살아가고 있음에 놀랄 때가 있다. 게다가 지금 내게 있어 금융인은 천직으로 자리잡고 있으니 더욱 신기하다. 필연은 우연을 가장해 오기도 한다. 그러나 그것은 우연이 아니라 오랜 기간 나를 위해 예비된 보이지 않는 손의 준비다.

2. 뜻밖의 제안, 뜻 안의 계획

금융인으로서 첫발을 내딛은 곳은 금융자산을 관리하는 새로운 버전의 회사였다. 그곳은 최윤선이라는 신입 FP가 MDRT 회원이 되고 COT, TOT가 되도록 발판이 되어준 직장이다. 그래서 금융인으로 변모한 내 인생에 잊을 수 없이 고마운 곳이기도 하다. 이곳에 처음 오게 된 과정은 참 드라마틱했다.

그 시작은 교회였다. 당시 나는 남들보다 조금 더 교회에 충실하던 중이었다. 만나는 사람들도 교회 청년회에서 만나는 이들이 많은 비중을 차지할 정도로 신앙은 내게 중요한 삶의 일부였다.

"윤선아. 너 직장 옮겨 볼 생각 없어?"

"네? 글쎄요, 근데 어디요?"

"우리 회사에서 FP를 모집하고 있는데 너 거기 한번 응시해 봐라."

교회에서 알고 지내던 선배의 제안에 좀 당황했다. 그는 금융인으로 사회생활을 시작한 사람이었고, 듣자 하니 실적도 좋다고 했다. 교회에서 서로 기도의 제목을 나누고 함께 청년회 활동을 하며 알고 지내는 사이였지만 보험사에서 FP를 해보라니 당황스러웠다.

"선배, 저 그쪽 일 안 해요. 안하고 싶어요."

원래 남에게 거절을 잘 하지 못하는 나로서는 최대한 용기를 내어 거절했다. 처음 그 제안을 받았을 때 살짝 자존심이 상했던 것도 같다. 잘난 척하는 것은 아니지만 그간 보험하는 이들에 대한 밑도 끝도 없는 편견이 있었는데, 그쪽 일을 제안 받았으니 기분이 좋지는 않았다.

제안한 쪽도 당황한 건 마찬가지였다. 그러나 고맙게도 선배는 자신이 하는 일에 대해 차근차근 설명을 했다. 마치 내 마음을 알고 있다는 듯이 말이다. 나를 잘 봐준 선배가 고맙기도 했지만 그럼에도 내키지 않았다. 당시 다니고 있던 MDRT 협회에서 금융인에 대한 편견이 깨지기도 했지만, 그래도 그들 사이로 들어가 같은 일을 해나갈 생각도, 자신도 없었다.

"선배, 잘 봐주신 건 정말 감사한데요, 이건 좀 아닌 것 같아요."

그렇게 몇 번을 거절하던 어느 날 그 선배가 정색을 하며 말했다.

"넌 왜 기도도 해보지 않고 거절부터 하니?"

순간 머쓱해졌다. 선배의 말을 들으니 정말 내가 대놓고 거절부터 하고 있었다는 사실을 깨닫게 된 것이다.

"정말 그랬네요. 네, 알았어요. 기도해 보고 말씀드릴게요."

말은 그렇게 하면서도 그때까지 전혀 전업에 대한 마음조차 먹지 않았다. 직장인들 사이에서 전업을 원하는 것을 의미하는 6-2-5 증후군과 이직을 하는 사람들이 지켜야 할 3-6-9 증후군이 있다고 한다. 6-2-5 증후군이란 입사한 지 6개월, 2년차, 5년차에 가장 이직의 유혹을 받는다고 해서 생긴 말이고, 3-6-9 증후군이란 이직할 때 염두 해야 할 점이라고 한다. 말하자면 3개월 단위로 이직을 고민하게 되는데, 그 생각이 6개월이 지나고 9개월이 지났을 때까지 변하지 않는다면, 이직을 고려해야 한다는 것이다. 그땐 3-6-9나 6-2-5 증후군을 겪는 것도 아니었기에 이직은 생각도 안 했는데 이상한 일이었다. 기도할 때마다 자꾸만 선배의 제안이 떠올랐고 마음의 평안함이 있었다. 흔히 하나님의 뜻은 여러 가지 방법을 통해 사인을 주시는데 그 사인은 말씀을 통해, 마음의 소원을 통해, 또 마음의 평안으로도 나타난다. 그 평안함이 찾아오자 당황스러웠다.

'어, 이게 아닌데? 이건 한 번도 생각해보지 않았던 일인데…….'

그렇게 며칠이 흘렀다. 선배가 한 사람을 소개시켜 주었다. 자신과 함께 일하는 사람이라며 소개해준 분은 당시 부지점장으로 일하는 중이었다. 소개 받은 부지점장님은 신실한 크리스천으로 믿음 가운데 생활하며 성실히 자신의 일을 하고 있는 분이었다.

"이 일을 겁내는 건 당연해요. 영업 마인드로만 접근하기 때문에 그래요."

부지점장으로 일하고 있는 그분은 자신이 하고 있는 일, 앞으로 내가 할지도 모르는 일에 대해 다르게 접근하고 있었다.

"재무설계, 재정상담이라는 일이 사람의 힘과 뜻대로만 된다면 어려울 게 없을 거예요. 저는 이 일에 주권이 제게 없다는 것을 잘 알고 있어요. 물질을 주시는 분은 따로 계시고 우리는 그 물질을 지키는 청지기일 뿐이죠. 청지기라면 주어진 물질을 잘 지킨 뒤 다시 돌려드려야 하는 책임이 있다고 생각합니다. 저는 이 일을 시작한 뒤 고객들과 만날 때 제가 추구하는 돈에 대한 가치관을 함께 공유하도록 하고 있어요. 그래야 한다고 생각해요. 윤선 씨도 그런 분이 되었으면 좋겠어요."

그녀와 만나 이야기를 나누는 동안 나도 모르게 가슴이 따뜻해지면서 편견이 벗겨지는 것을 느낄 수 있었다. 일단 그녀의 크리스천 마인드가 좋았고, 돈을 바라보는 겸손한 마음가짐이 좋았으며, 고객을 돈을 버는 수단으로 보는 것이 아닌 사람으로 만나고 있다는 것을 느꼈다. 저런 사람과 함께 일하면 참 행복하겠다는 느낌이 들 정도로 금융인에 대한 벽이 허물어졌다. 결단을 내렸다.

"좋아요 선배. 기도하면서 준비해 볼게요."

"그래, 잘 생각했어. 면접 과정이 생각보다 까다로울 거야. 절차도 꽤 많고 횟수도 많을 텐데, 넌 잘 할 수 있으리라 믿는다."

보통 직장에 입사할 때 많아야 세 번 정도의 전형을 거치는데 선배가 다니는 00생명에서는 FP에 대한 기대가 컸는지 무려 일곱 번이나 면접을 이어갔다. 첫 번째 면접과 두 번째 면접을 거치면서 나는 점점 더 마음에 평안함이 생겼고, 이 일을 하고자 하는 소원도 커졌다. 일에 대한 열정은 어느 순간 갑자기 다가올 수도 있지만 전혀 거들떠보지도 않은 상황에서 조금씩 마음이 열리고 평안함으로 다가오기도 한다.

"최윤선 씨! 그동안 면접하느라 고생 많았어요. 최종적으로 최윤선 씨를 선발하기로 했습니다. 앞으로 잘해봅시다."

그런데 고개 하나를 넘었다고 생각했을 때 생각지도 못한 소식을 접했다. 이곳까지 인도했던 선배가 뜻밖의 이야기를 꺼낸 것이다.

"윤선아, 많이 생각하고 결정했는데, 그동안 계획했던 종합금융 회사를 조금 일찍 창업하기로 했다. 너도 함께 가자."

"네? 이제 합격 통보 받았는데 다른 회사로 가자구요?"

"어차피 하는 일은 같아. 대신 이 회사처럼 특정 상품만 판매하는 게 아닌 더 전문적이면서 가치를 중요시하는 재무컨설팅 회사를 운영할거야. 같이 가자."

좀 혼란스러웠다. 오랜 시간 기도했고 그 여자 부지점장과 함께 하는 것을 응답받았다고 생각했는데 말이다. 그런데 신기하게도 그 부지점장이 새롭게 창업하는 선배의 회사로 함께 가게 되는 신기한 일이 벌어져 나 역시 자연스럽게 가게 되었다. 이전에는 생각지도 않았던, 전혀 예상 밖의 길로 들어선 것이다. 분명히 뜻밖의 제안이었지만 지금 와서 생각해보니 그건 보이지 않는 곳에서 나를 사랑하시는 그분의 분명한 뜻 안에 있는 계획이었다. 그 계획에 나의 생각을 맞추고 보폭을 맞춰가는 건 자신의 선택이요, 결단이다.

3. 맨땅에 헤딩하다

아침 회의실 분위기는 살벌했다. 직원 전체가 모여 그날의 경제 동향을 분석하고 앞으로 어떻게 흘러갈 것인지 예측을 하고 재정 플랜의 방향을 잡는 등 공격적으로 하루를 시작했다. 그들의 입에 서 나오는 말은 모두 외계어 같았다.

"공시이율? ELS? 방카슈랑스?"

새롭게 시작한 금융인의 아침은 좌절과 공포, 무지함을 깨닫는 시간이었다.

"의외다 윤선아. 너 남한테 아쉬운 소리 절대 못하잖아. 할 수 있겠어?"

FP 명함을 건네자 친구들이 오히려 걱정을 더 했다. 그럼에도 나를 믿어주었다.

"윤선아. 걱정 마. 너 일 시작하면 어떻게든 도와줄게."

"그래, 말이라도 고마워."

불안했던 첫 시작을 응원해 주는 이들이 있었기에 큰 위로가 되 었다. 그러나 역시 새롭게 시작한 FP 생활은 녹록치 않았다.

"자, 회의합시다!"

회사는 선배를 비롯한 뜻이 맞는 사람들과 새롭게 창업을 했기 때문에 재무관련 일이란 점에서는 같았어도 더 공격적이면서 창의적인 경영을 해 나가길 원했다. 무엇보다 그 당시 재무관련 회사들의 멤버들은 대부분 보험사나 은행, 증권사에서 경험을 쌓았던 전문가들이었다. 우리 회사의 창업 멤버를 비롯해 영입한 멤버들 역시 대부분 보험사나 증권사 은행 등의 금융기관을 통해 사회적 경험을 쌓고 이쪽 일을 시작한 이들이었다. 그들은 출발선에 머뭇거리고 서 있는 나와는 달리 이미 레이스를 뛰고 있었다.

회의에 들어가면 마치 나 혼자 다른 별에서 온 사람이란 생각에 좌절감도 들었다. 우리는 종합관리사라는 이름으로 은행, 증권사, 보험사를 총망라하여 관리하는 회사였다. 특히 멤버들은 기존의 은행이나 증권, 보험사 출신이 대부분이었기에 상품 환경에 대한 이해가 깊었다. 그러나 나는 뭐가 뭔지 모르는 생초짜였다. 그렇지만 그들 앞에서 모르겠다며 다시 설명해 달라는 말은 결코 할 수 없었다. 괜히 나로 인해 회의 시간을 지연시키고 싶지 않은 마음도 있었고 자존심도 상했다. 그래서 많은 이들이 그렇듯 그들 앞에서는 알아듣는 척 고개를 끄덕거리다가 내 자리로 돌아와 회의 내용을 되짚어가는 날이 계속되었다.

"최윤선! 이제부터 야전에 있다고 생각해. 다른 회사처럼 신입을 위한 교육은 거의 없을 거야. 너 한 사람을 위해 교육에 시간을 들일 수 없어. 스스로 배우고 물어가며 적응해봐. 어려운 일 있으면 내가 도와줄게."

아무리 이렇게 위로를 해 주어도 아침마다 느끼는 건 혼자 외딴 별에 서 있는 기분이었다. 스스로 빛나야 하는 별, 그게 나의 운명이었다. 기존의 회사와는 달리 이곳은 매니저 제도를 선택하지 않았다. 말하자면 다른 회사처럼 신입 FP를 관리해 줄 SM이라고 하는 팀장 제도를 두지 않았기에 더욱 혼자일 수밖에 없었다.

"우리 회사는 총괄할 매니저를 두지 말고 각자가 재정 플래너이자 매니저 역할까지 해 봅시다."

회사가 만들어진 초창기에서는 FP가 매니저 역할까지 해 보자며 관리자의 자리를 아예 만들지 않았다. FP를 위한 교육은 애초부터 없었다. 한마디로 나를 돌봐줄 인력은 없었다. 지금 생각해 보면 당시 금융 쪽 경험이 없는 신입 FP인 나만을 위해 인력을 투입하는 것도 효율적이지 않았을 것이다.

어쨌든 그로 인해 금융의 '금'자도 모르던 나는 매섭게 독학을 하며 일을 배워야 했다. 다른 회사처럼 신입 FP를 위한 정식교육 없이 현업에 배치된다는 것은 좀 심한 말로 야전에 몸만 덩그러니 놓여있는 것과 비슷했다.

"이 책 한번 읽어 봐. 처음 일을 시작하는 사람이니 도움이 될 거야."

한 선배가 내민 책은 금융인에게 교과서라 불리던 브라이언이 쓴 〈세일즈 슈퍼스타〉란 책이었다. 그마저도 소중하게 생각되어져 그 책을 가슴에 소중히 품고 읽고 또 읽은 기억이 난다. 그 책은 금융을 시작하는 이들 뿐만 아니라 모든 사람이 살아가면서 사람과 부대끼며 살아가는 데 도움이 되는 책이었다. 하지만 책 한 권으로 교육을 대신하기엔 우리가 하는 일의 범위도 방대했고 공부해야 할 분야도 다양했다.

회의마다 괴로운 날이 계속되자 나만의 방법을 선택했다. 조그만 녹음기를 준비하여 회의를 시작할 때면 무조건 녹음했다. 모르는 말 투성이인 그들만의 용어부터 해석하는 게 우선이란 생각에서였다.

그 당시 결혼한 지 1년차가 되었는데 신혼생활은 커녕 회사 일에 완전히 붙들려 있었다. 고맙게도 남편은 모든 상황을 이해해주고 조력자의 역할을 해 주었다. 남들은 퇴근해서 집에 들어가면 쉬는 시간이 시작됐지만, 나는 퇴근 이후부터 본격적인 일이 시작됐다. 그때부터 본격적인 업무 파악을 해야 했기 때문이다.

'오늘의 경제 동향을 살펴보면… 글로벌 증시 시장이… 금리동결로 인해… 현금흐름 분석과 재무상태분석을 해 보고… 보험적정성 분석을 통해 포트폴리오를 새로 짜는… 주식과 펀드를 적절히 배분하여 공격성과 안정성을 겸비한…….'

밤새도록 녹음기를 틀어놓고 녹취를 해 나갔다. 누군가 말하는 한 문장 속에는 모르는 단어가 거의 전부일 때도 있었다.

"와… 어떻게 이렇게 생소한 단어들이 있을 수 있지?"

때론 감탄을 하기도 하고, 때론 짜증을 내기도 하면서 경제사전을 끼고 어휘 풀이를 시작해 나갔다.

"아, 이건 이런 의미구나. 그래서 아까 팀장님이 공격적인 포트폴리오로 짜야 한다고 말했구나."

낮에 회의실의 분위기를 떠올리며 그들이 왜 심각했었는지 뒷북을 치면서 그들의 세계로 한 발짝 들어서고 있다는 기분이 들었다. 기쁘면서도 두렵고 어려우면서도 해볼 만하다는 복잡한 기분에 하루하루를 보냈다. 그러면서 실력 좋은 선배가 딱 일주일만 내옆에 앉아 차근차근 가르쳐주면 소원이 없겠다는 생각까지 했다. 그만큼 먼저 배운 사람들이 부러웠다.

아마 나의 이중생활을 아는 사람은 거의 없었을 것이다. 우리 회사는 직원 한 사람 한 사람이 작은 회사로 움직이고 있었기에 옆 사람을 챙길 틈이 없었다. 게다가 나처럼 신참, 그것도 생초짜 후배의 일상까지 신경쓰기엔 시간이 부족했기 때문이다.

나는 날마다 이중생활을 꾹꾹 참고 해 나갔다. 하루 서너 시간 자는 날은 그나마 행운이었다. 낮에는 회사에 나가 선배들의 일을 도우며 하나라도 더 배우려고 애쓰고 때론 눈칫밥을 먹더라도 용기 내어 물어보는 등 팍팍한 시간을 보냈다. 집에 들어오면 그제야 낮에 궁금했던 것을 책이나 자료를 통해 이해하는 시간을 보냈으니 수면시간은 거의 두 시간 될까 말까 였다.

"최윤선 FP! 얼굴이 왜 그래?"

"네? 왜요?"

"아니, 누가 보면 무지하게 일 많이 하는 사람으로 생각하겠어. 다크서클이 장난 아냐. 그걸로 줄넘기해도 되겠는데?"

선배가 농담을 건넬 때면 부끄러운 마음이 들었다. 그때까지 현장에 나가거나 고객을 만나는 일조차 못하고 있었기 때문이다. 선배가 그것을 탓한 것도 아닌데 괜히 얼굴이 화끈거렸다. 실력도 요령도 없는 나에 대한 상실감도 스멀스멀 피어올랐다.

'지금 내가 하는 일이 맞는 건가? 제대로 가고 있는 거겠지?'

이왕 선택한 일이고 확신도 있었지만, 늘지 않는 실력 앞에 좌절을 했다. 왜 그렇게 용어는 어렵고, 외우고 있어야 할 내용은 많은지, 수험생 시절 했던 공부는 비교도 안 되었다. 생각해보면 그때 난 회사에 폐를 끼치지 않기 위해 실력을 먼저 갖춰야 한다는 강박관념에 빠졌던 것 같다. 어느 누구도 완벽한 실력을 갖추고 사회로 나가지 않는다. 아는 만큼 보이고 알지 못한 만큼 시행착오를 겪지만 알려는 마음만큼 발전한다는 것을 깨닫지 못했던 것 같다.

어쨌든 생초짜 FP 최윤선은 우왕좌왕 헤매고, 새로운 조직생활의 쓴맛을 톡톡히 경험하며 치열한 30대의 문을 열었다. 처음에는 아무것도 몰라 맨땅에 헤딩하며 용어부터 배웠고, 용어가 조금 익숙해졌을 때부터는 궁극적으로 가야 할 방향인 금융자산관리사가 되기 위해 공부하고 노력하는 일에 집중했다.

좋은 금융인이 되기 위해, 금융인으로서 좀 더 깊은 지식 기반을 갖추기 위한 자격증은 필수이다. 하지만 성장하는 타이밍에 적절히 맞춰지지 않게 자격증만 취득하게 된다면 균형을 잃는 금융인이 되기 쉽다. 사람과 만나 그들과 이야기를 나누는 과정, 그들에게 필요한 것이 무엇인지 깨닫고 그것을 알아보는 과정에서 알게 되는 지식은 공부를 통해 얻는 기계적인 지식보다 더 깊고 잊혀지지 않는다.

자격증은 삶의 노하우, 일의 노하우를 가르쳐주지 않는다. 고객을 먼저 알고 이해하는 등의 수순을 잘 밟고 중간 중간 자격증을 갖출 수 있도록 모든 금융인은 노력해야 한다고 생각한다.

4. 고객 0명으로 시작하다

'누굴 만나지? 누구부터 만나서 자산관리 이야기를 꺼내야 한담?'

지금까지 살면서 한 번도 누군가 만나야겠다고 생각했던 적이 없던 나로서는 충격이었다. 고맙게도 상대방이 내게 만남을 요청하는 일이 대부분이었기에 내가 먼저 만나자고 요청하는 일은 무척 껄끄럽고 불편한 일이었다. 하지만 금융인의 인생은 만남에서 시작한다. 그래야 고객이 생기고 일이 발생하기 마련이다.

"최윤선 FP. 일단 사람들부터 만나봐. 그래야 무엇을 하고 무슨 얘기를 할지 감이 잡혀."

우물쭈물 아무것도 못하고 있는 내가 답답했는지 회사 선배들이 내게 이런 조언을 해 주었다. 선배 역시 무조건 나가서 친구라도 만나보라고 등을 떠밀었다.

'어쩌지? 누구한테 연락을 해야 하나?'

이때만큼 막막한 때가 없었다. 지금껏 살면서 갈 데를 찾지 못해 방황했던 때는 없었다. 누굴 만날까 막막했던 때도 없었다. 갑자기 빚쟁이가 되어 갈 데를 잃었을 때도 친구 가족의 도움으로 갈 곳이 있었다. 내 주변에 지인들이 없었던 때도 없었다. 그런데 일 때문에 친구를 만나야 한다고 생각하니 전화 버튼이 눌러지지 않았다. 내가 FP를 시작했다는 소식은 이미 아는 친구들은 다 아는 상태였다. 그러나 그 친구들 대부분 나보다 이 일을 먼저 시작한 선배들의 고객이 되어 있었기에 명단에서 제외해야 했다. 그러다 보니 남아있는 친구는 거의 없었다. 생각해보니 딱 세 명의 친구가 남아 있었다. 그들은 내가 금융인의 길을 걸을지 고민하고 있을 때부터 누누이 말하곤 했었다.

"윤선아, 너 일 시작하면 꼭 연락해. 내가 고객이 될게."

무조건 나가서 부딪혀 보라는 권유에 못 이겨 한 친구와 약속을 잡았다. 막상 약속을 잡고 나니 가슴이 두근 반 세근 반 뛰기 시작했다. 뭔가를 부탁해야 하는 입장으로 나가야 한다는 선입견 때문이었다. 게다가 나는 아는 것도 없지 않은가. 얼마쯤 고민에 갈등에 번민을 하다가 마음을 바꿔먹었다. 최대한 배운 것을 생각하고 편하게 친구를 만나러 가자고 생각했다.

친구는 나를 보자마자 아무 말도 묻지 않고 계약서에 사인부터 하자고 나섰다. 뭐라도 설명해줘야 하지 않을까 우물쭈물하고 있는데 그 친구는 내가 꺼내놓은 금융상품 계약서를 가져가더니 슥슥 사인부터 했다.

"윤선아, 여기 담당 FP에 네 이름이 있네? 여기서 네 이름 보니까 너무 좋다. 왠지 자랑스럽다. 앞으로 잘해봐."

아무것도 따지지 않고 계약서를 건넨 친구와 만나며 미안하기도 하고 감사하기도 했다. 드디어 고객 0명에서 벗어난 셈이다.

첫 번째 계약서를 친구로부터 받아들고 또 다른 친구와 연락을 했다. 그 친구와 만날 때도 마음을 비운 건 마찬가지였다. 늘 만나는 친구였는데 막상 FP 명함을 들고 만나는 자리는 가시방석이었지만 마인드컨트롤을 했다.

'그래, 친구 만나고 오라고 했으니 친구 만나는 거다.'

많은 사람들 앞에 나서서 분위기를 주도하는 외향적인 성격은 절대 아니었지만 소그룹에서 친밀하게 교제 나누는 일은 늘 해오던 일이었고 잘하는 일이었다. 우린 그냥 친구로서 식사를 하고 차를 마셨다. 일 얘기는 하나도 하지 않고 다른 이야기만 실컷 나누고 있는데 기다리다 못한 친구가 먼저 말을 꺼냈다.

"윤선아. 내가 어떻게 도와주면 돼? 마침 노후자금이 필요한데."

"노후?"

친구는 작정을 한 듯 자신이 대화를 끌고 나갔다. 자기 딴엔 답답했나보다. 그런데 내가 더 답답한 상황을 맞았다. 친구에게 권해야 할 상품의 종류가 너무 많은데다 아직은 상품을 분석하는 능력이 부족했다.

"저…, 미안한데 내가 들어가서 어떤 게 좋을지 살펴보고 다시 연락할게."

"뭘 다시 보니? 그냥 네가 봐서 제일 나은 상품으로 보여줘. 오늘 계약하려고 도장까지 가지고 나왔단 말야. 모르면 선배한테 물어보던가."

그제야 부랴부랴 보험 상품을 꺼내놓고 살펴보기 시작했다. 혼자서는 도저히 안 될 것 같아서 선배에게 SOS를 보냈다. 고맙게도 선배는 친절히 설명을 해주면서 방법을 알려주었다.

"저 선배.. 이거 계약서는 어떻게 써요? 여긴 뭐 쓰는 거예요?"

계약서 쓰는 방법도 잘 모른 채 그렇게 선배의 도움으로 두 번째 고객이 생겼다. 아니 내 노력이 아닌 고객이 제 발로 나선 것이다. 지금이야 금융자산관리사로 고객의 전반적인 재무 설계를 돕고 있기에 컨설팅비용도 받을 수 있는 시대지만, 그때는 상품을 가입할 때 수당(fee)이 생겼기에 월급 0원에서 벗어난 셈이다.

차 마시고 놀 때까지는 좋았는데 막상 계약을 진행하니 정신이 하나도 없었다. 아는 게 없었기 때문이다. 어쨌든 얼떨결에 고객이 된 친구의 계약서를 받아드니 묵직한 책임감과 부담감이 나를 짓눌렀다.

"너한테 부담 준 거 아니니? 내가 아직은 잘 몰라서 제대로 설명도 못해주고⋯⋯."

"괜찮아. 나, 너 믿어."

코끝이 찡했다. 친구지만 고객이 된 사람의 믿음은 나로 하여금 달리게 만드는 힘이 되었다. 무조건 고객이 되어준 친구들을 향한 미안함과 고마움, 책임감이 너무 컸다. 회사로 돌아온 후부터 고객이 가입한 상품에만 매달려 연구를 시작했다. 지금은 더 많아졌지만 그때만 해도 상품 종류가 무척 많았다. 그 모두를 당장 다 아는 것은 불가능한 일이었고, 고객이 가입한 상품부터 차근차근 알아가도록 했다. 두툼한 책자와 같은 약관을 하나하나 대조하여 읽어 나가며 완벽히 숙지할 때까지 매진했다.

"뭔 공부를 그렇게 열심히 해?"

지나가는 사람마다 이런 말을 건넬 정도로 상품에 대한 공부를 이어갔다. FP로 처음 입사하고 공부할 때보다 더 몰입했던 것 같다. 그때는 회사에 폐를 끼치기 싫은 신입사원으로서 기본은 갖추자는 마음으로 공부했다면, 지금은 내가 모르면 고객이 손해를 볼지도 모른다는 막중한 책임으로 임했기에 더욱 절박했다. 그렇게 공부한 내용은 온전히 나의 지식이 되었다. 역시 필요에 의해 공부하는 내용이 자신의 지식이 된다는 것이 맞는 말이었다. 그 뒤 며칠간 나는 고객이 되어 준 친구가 가입한 상품에 대해 거의 완벽히 숙지하여 설명해 주었다. 고객이 된 친구는 나의 미숙한 설명에도 귀 기울여 들어주었고 좋은 고객이자 모르는 것은 그때그때 물어서 나로 인해 공부하게끔 만든 유익한 고객이 되었다.

선배들은 나의 작은 성공을 축하해 주었다. 우선 물꼬를 트는 게 중요한데 그 관문을 잘 넘겼다는 축하였다. 그런데 별로 기쁘지 않았다. 오히려 마음이 급했다. 고객을 위해 공부하고 그 내용을 바르게 전달하는 게 얼마나 중요한지 실전에서 배웠기 때문이다.

친구 중 한 명이 고객이 된 후 나는 며칠간 책과 씨름하며 공부한 내용을 숙지한 뒤 친구에게 연락을 했다. 제대로 된 설명을 위해서였다. 그날 친구의 회사로 가는 발걸음은 좀 가벼웠다. 이번엔 친구가 아닌 정식 고객을 만나는 기분으로 마주 앉았다. 구내

식당에서 밥을 먹고 쉼터로 가서 본격적으로 설명에 들어갔다. 가입한 상품은 어떤 상품인지, 갱신은 되는지, 다달이 어느 정도 금액이 들어가는지, 혜택은 어떤 부분을 강조해서 해주고 있는지, 상품이 가진 장점과 부족한 점은 무엇인지 등등 지나치기 쉬운 부분까지 세세히 꺼내 설명을 이어갔다.

친구 역시 적극적인 자세로 묻고 나는 최선을 다해 설명을 해주었다.

"윤선아, 제법이다 너. 귀에 쏙쏙 들어오는 설명 고마워."

"그래, 앞으로는 네 삶의 목적을 세우는 대화를 하도록 하자."

친구에게 칭찬까지 듣고 나니 어깨에 힘이 들어갔다. 그리고 친구의 인생에 물질적인 목적이 더욱 확고히 세워지기 위해 노력하고 싶은 열정이 생겼다. 전신에 땀이 비 오듯 쏟아졌지만 그것마저 훈장처럼 느껴졌다. 정말 간만에 홀가분한 기분으로 회사에 들어오는데 친구에게서 연락이 왔다.

"윤선아, 너한테 좋은 일 생겼어."

"무슨?"

"우리 회사 직원 한 사람이 우리가 얘기하는 걸 들었나봐. 그러더니 너 누구냐면서, 너한테 상담 받고 싶다고 하는 거야. 너무 성심성의껏 설명을 해주는 것 같다면서."

"정말? 그게 정말이니?"

"그래! 축하해, 내가 연락처 알려줄 테니까 우리 회사 와서 만나 봐. 왠지 출발이 좋다. 그치?"

이번엔 얼떨떨했다. 생각지도 않은 기회가 생긴다는 것이 바로 이런 걸 두고 하는 말인 것 같았다.

저명한 기업 혁명 전문가 랠리 패럴이란 사람은 성공한 창업가들에 대해 연구했다고 한다. 많은 이들이 창업은 돈이 많아야 한다고 생각하는데 창업자들을 상대로 조사해보면 평균 창업비용은 1만 2천 달러 이하였다고 한다. 요즘은 신용카드 한 장만 가지고 창업하는 사람도 있다고 하니 쥐고 있는 돈은 그리 중요한 게 아닌가보다. 다만 성공한 창업가들은 돈을 좇은 게 아니라 고객부터 찾아 나선다고 한다. 그들은 고객과 마주 앉아 자신이 제공할 일 년치 서비스에 대한 선납을 협상했고 그것을 종자돈으로 삼았다고 한다. 즉 서비스를 먼저 판매할 의지만 있으면 된다는 의미다.

초짜 신입 FP였던 내겐 종자돈은 물론이고 수고를 덜어줄 부유한 가족이 있었던 것도 아니다. 그저 순수한 마음으로 도와주겠다는 친구 셋이 있었고 그들에게 최고의 서비스를 전하겠다는 나의 의지가 있었다. 결국 그 마음이 연합하여 초짜 신입사원에서 탈출할 발판을 마련했으니 이제 뭘 해도 두렵지 않았다.

신입에서 벗어난 지 십 수 년이 흐른 지금, 나는 지금도 맨땅에 헤딩하는 이들과 가끔 만나 교육을 한다. 아무 발판도 없던 나에 비해 그들은 축복받았다고 생각하지만 그들도 그런 생각을 할까?
아마 그럴 여유가 없을 것이다. 현재 그들이 처한 상황이 너무 급
박하고 두렵기 때문에 그들을 향해 말한다.

"당연히 처음 시작하는 일은 두렵다. 그 두려움을 이기려고 하
면 안 된다. 굳이 고통을 떨쳐버리려 애쓰는 것보다 내게 부족한
것을 느끼고 노력하는 것이 중요하다. 그러다보면 차차 도울 손이
나타나게 되고 그 도울 손을 위해 최선의 서비스를 한다면 분명히
기회가 날개를 달고 찾아올 것이다."

5. Never! Ever! Give up!

"이러다 그 회사 직원들 다 최윤선 FP 고객 되는 거 아냐?"

어쩌다보니 이런 농담을 주고받는 날도 생겼다. 처음엔 생각지
도 못한 일이 내게도 일어난다고 생각하니 신기하기만 했다. 나는
직원들의 시샘 섞인 격려를 받으며 친구네 회사로 향했다.

고객 0명으로 시작한 암흑 같던 FP 시절은 그리 오래 가지 않
았다. 무조건 현장으로 다니며 사람을 만나며 이룬 결과이기도 했
다. 특히 고맙게도 고객이 되어준 친구의 영향이 컸다. 용인에 있
는 친구네 회사를 다니며 FP로서 상품 설명을 하고 고객 AS까지

하며 노력을 기울였더니 저절로 고객이 생겨났다. 친구네 회사 식당에서 설명을 하고 있을 때, 옆 테이블에서 설명을 듣고 있던 사람이 자신도 소개받고 싶다고 상담을 요청해 올 때도 있었다. 이 사람도 소개시켜 달라, 저 사람도 소개시켜 달라 그야말로 고객이 붙는다는 게 이런 것을 두고 한 말이었다.

특히 직원을 소개받게 된 친구네 회사는 국내 굴지의 대기업 계열사였다. 그 회사에서 나의 재무상담이 꽤 유명해졌다. 친구를 통해 소개받아 가게 되었을 때만 하더라도 나의 1호 고객의 회사로만 끝날 줄 알았는데, 친구가 직원을 소개시키고, 그 직원이 다른 직원들을 데려오는 등 그로 인해 매주 용인의 회사로 출근하다시피 했다.

이런 상황이 참 신기하기도 하고 두렵기까지 했다. 이 길을 선택하게 되었을 때 열심히 기도하고 그분의 뜻을 알기 위해 노력했던 것이 헛되지 않았다는 사실에 기쁘면서도, 혹시라도 그 뜻을 어기는 일이 생기면 어떻게 하나, 좀 잘 된다고 교만해지면 어떡하나 하는 두려운 마음도 들었다. 그 문제를 해결하는 길은 최선을 다해, 아니 최선보다 더 큰 노력을 하는 것뿐이란 생각이 들었다.

"어서오세요. 제가 지난번에 다른 부서 직원이랑 상담하시는 걸 봤거든요. 그런데 젊은 분이 참 성심성의껏 말씀해 주시더라구요. 그리고 그 사람한테 들으니 상품에 가입하는 것도 고객의 상황에 맞게 객관적으로 골라주신다고 하던데요?"

상담을 받기 원하는 이들 대부분은 한 번쯤 재무상담을 받았던 경험이 있었다. 우리나라에도 재무상담의 바람이 불기 시작하던 때였기에 돈이라는 것을 잘 관리해야 한다는 인식이 퍼지고 있었다. 그래선지 공격적인 영업으로 본의 아니게 상처를 입는 경우도 사실 많았다. 상담을 하다보면 많은 이들이, 무슨 상품을 강제적으로 가입했거나 정신을 쏙 빼놓는 상담을 하고 난 뒤 생각지도 못한 상품에 가입이 되어있더라는 불만을 속속 내놓는다. 그건 아마 특정 회사에 소속되어 컨설팅을 할 경우 그 회사 상품 외에는 제안할 수 없다는 태생적 한계가 있었기 때문일 것이다.

그러나 나의 경우는 달랐다. 우리 회사는 상품을 만들어 판매하는 보험사나 증권사 같은 회사가 아니었기에 그 부분에 있어서 무척 자유로웠다. 고객의 입장에 맞게 포트폴리오를 계획하면 됐다. 객관성을 유지하며 상품에 가입할 수 있도록 하는 것이 최고의 승부수였다.

그런 이유로 나는 일에 있어 당당했고 고객 앞에선 겸손했다. 고객은 자꾸 늘어갔다. 그들 중에는 20대, 갓 사회생활을 시작한 사회초년생으로서 결혼준비도 해야 하고 가정에 보탬을 줘야 할 이들도 있었고, 한 가정의 가장으로서 바쁘고 팍팍하게 살아가는 이들도 있었다. 예상치 못한 일로 인해 재정적인 어려움에 시달리고 있는 어떤 여직원과 만났을 때 마치 예전의 나를 만난 것 같은 기분에 더 인간적으로 다가서기도 했다. 그러다보니 한 회사 내의 상당수의 직원들이 고객이 되는 기현상이 벌어졌다.

고객이 많아지니 1대1로 상담하는 날보다는 여러 명이 함께 둘러앉아 이야기를 나눌 때가 많았다. 한 사람과 마주 앉아 말할 때와 다수와 이야기할 때의 상담 내용과 방법을 달리해야 했다. 부득이하게 여러 명과 상담을 해야 할 때는 누구 한 사람 소외되는 기분이 들지 않도록 배려하다 보니 그들도 불편함을 느끼지 못했다.

이렇게 상담하는 기업이 몇 군데로 늘어난 어느 날, 또 다른 회사 총무부에서 연락을 해 왔다. 담당자와는 몇 번 인사를 했던 터라 반갑게 전화를 받았는데 의외의 제안을 해 왔다.

"최윤선 씨, 거의 매주 저희 회사 오시잖아요. 그러지 말고 아예 우리 회사 직원들 상대로 재무 재정 세미나를 해 보는 건 어때요? 직원들을 위한 서비스 차원에서 회사에서도 행사를 해야 하는데 생각해보니 실생활에 도움을 줄 수 있는 강연이 좋겠다는 생각이 드네요."

큰 기업들의 세미나 제안들을 받기 시작하며 강의를 시작할 때였는데, 본격적으로 준비를 하려는 찰나 내게 일을 제안했던 담당자가 다시 전화를 걸어왔다.

"좀 곤란한 상황이 생겼어요."

"무슨 문제가 생겼나요?"

"사실 저희 회사는 독립적인 계열사이긴 하지만 그래도 그룹 차원의 생명보험회사가 있잖아요. 우리가 최윤선 씨를 통해 재무 세미나를 준비하고 있다니까 대표들 귓속에 소식이 들어갔나 봐요. 그랬더니 의리가 있지 어떻게 그럴 수 있냐며 불평을 했대요."

듣고 보니 충분히 그럴 수 있는 상황이란 판단이 들었다. 더군다나 KBS출신이었던 나는 그냥 대기업의 생리상 그럴 수도 있겠구나 이해했다.

"그럴 수 있겠어요. 그럼 계열사를 통해서 교육하세요. 저는 괜찮습니다."

그 순간 약간의 시원함과 함께 무거운 책임감이 빗겨간 가뿐함도 있었다. 그런데 오히려 회사 담당자가 정색을 하며 이런 이야기를 건넸다.

"아니, 왜 해보지도 않고 포기하세요?"

"네? 곤란한 상황이 되신 것 같아서요……."

"그래도 기회를 그렇게 쉽게 포기하면 안 되죠. 포기하지 마세요. 지금 이 시간은 직원의 복지를 위한 거고 직원들도 특정회사 보험상품만을 가입하고 싶은 건 아닐 테니 전체 직원의 뜻을 리더에게 전해볼게요."

담당자의 말을 듣는데 뭔가 한 대 맞은 것 같았다. 절대로 포기하지 말라는 그의 말은 바로 내가 가졌어야 하는 태도였다. 정신이 번쩍 들었다. 나는 그 교육을 반드시 따내야겠다는 마음으로 고쳐 먹었다. 신입시절 교과서처럼 읽던 〈세일즈 슈퍼스타〉에 이런 글이 나온다. '두려움의 심리, 지배하느냐 지배받느냐에 달려 있다. 충분한 용기가 생길 때까지 마냥 기다리지 말라. 두려워하던 일을 일단 시도해보면 용기가 자연스레 생긴다.' 아리스토텔레스도 말했다. '자신이 갈망하는 자질을 이미 갖추고 있는 것처럼 행동하라. 그러면 실제로 갖추게 된다.'

교과서처럼 때론 경전처럼 읽던 책의 내용이 상기되며 다시 마음가짐을 재장전 했다. 그리고 그때부터 적극적으로 교육을 준비해 나갔다. 이미 재정관리 전문가로서 자질을 갖춘 사람처럼, 거의 모든 것을 알고 있는 사람처럼 준비했다. 그리고 간절히 원하는 만큼 우리 회사로 교육의 전권이 주어졌다.

재밌는 사실은 그때 시작한 그 회사의 교육을 지금까지 이어가고 있다는 것이다. 신입사원에서 한 회사의 공동경영인이 되었지만 사람들을 상대로 세미나를 하고 상담을 이어가는 시간은 별로 달라진 것이 없다. 노하우가 쌓였다는 것이 다르겠으나 감히 말하건대 열정의 질량이나 부피는 변하지 않은 것 같다. 아마 변함없이 일을 사랑하는 이런 마음이 지금도 나의 에너지원이 되는 것 같다. 그래서 그곳에 강의하러가는 발걸음은 늘 가볍다.

6. 고객과 함께 감동하라

"정말 사람 만나는 게 너무 스트레스 쌓여요. 실적도 늘 바닥이구요."

"처음 만났을 때 고객이 뚱한 표정이나 씩씩거리는 말투로 대응하실 땐 정말이지 이 일 그만두고 싶어요."

"전 무슨 말을 어떻게 꺼내야 할 지 모르겠어요. 어떤 날은 금융의 '금'자도 꺼내지 못하고 빙빙 돌려서 말하다 올 때도 있어요. 그러다가 거절하는 말투나 싫어하는 말투가 딱 나오면 숨이 턱턱 막혀요."

FP들이 가장 많이 쏟아내는 고충이다. 그 마음이 충분히 이해가 된다. 이쪽 분야의 일이 매달 아니 매일 실적을 신경 쓰지 않을 수 없기 때문이다

나 역시 스트레스가 있었다. 일단 나는 조직 내에서 태생적으로 달랐다. 모든 구성원들이 전직 프로페셔널이라는 사실만으로도 나와는 시작지점이 달랐기에 그 점에서 결코 자유로울 수 없었다. 게다가 매일매달 고객과의 상담, 고객의 숫자 변화에 민감하게 반응할 수밖에 없는 상황이었기에 이 분야에 대한 교육이 거의 전무한 나는 번민의 시간이 있었다. 실적이 바닥을 기는 동안에는 방황하기도 했다.

그럼에도 이 일을 그만두지 않았던 것은 이 모든 불리한 상황을 상쇄할 만큼 내가 좋아하는 일이 있었기 때문이다. 유일하게 좋아하는 일, 그건 매일 사람을 만나는 일이었다. 물론 사람들 때문에 받은 상처로 사람 만나는 일을 거의 하지 않았던 때도 있었지만, 내 DNA 속엔 만남을 통해 희열을 느끼는 인자가 분명히 들어있었다. 그래서 별다른 실적이 없을 때에도 FP로서 사람들을 만났다기보다 그저 아는 사람과 만나 세상사는 이야기를 주고받는 것에 만족하기도 했다. 작은 만남 속에서도 단 하나라도 도움을 주겠다는 신념이 더욱 힘나게 했다. 그러다보니 신기하게도 만남 속에서 고객이 생기고 열매가 맺혔다.

사람을 좋아하는 것은 선천적인 것 같다. 어렸을 때부터 주변엔 고민을 털어놓는 친구들이 많았다. 아주 사소한 것부터 심각한 가정사와 이성 문제에 이르기까지 친구들은 자신의 이야기를 털어놓곤 했다. 나는 그 얘길 끝까지 들어주었다.

신입시절, 한참 고군분투하면서도 FP라는 일에 대해 손을 놓지 않을 수 있었던 결정적인 이유는 'STORY' 때문이었다. 시간은 많고 고객은 적었던 시기에 고객과 만날 스케줄이 잡힐 때는 그렇게 신이 났다. 어떻게든 그 사람을 나의 고객으로 만들겠다는 의지가 있었던 것도 아니었다. 그렇게 해야 하는 건지도 모른 채 그저 사람 만나는 것이 좋아서 무조건 나갔던 기억이 난다.

"처음 뵙겠습니다. 먼저 저를 만나주셔서 감사드려요."

때때로 약간 고압적인 자세로 경계의 눈빛이 그득한 상대방과 마주앉아 있다 보면 어색한 기운이 전율처럼 훑고 지나간다. 그런 어색한 분위기를 선척적으로 싫어했고 어떻게든 자연스럽게 바꿔야겠다는 생각으로 처음엔 내가 말을 많이 했던 것 같다. '돈' 얘기는 별로 하지 않았다. 일에 대해 전문적인 지식을 갖춘 상태도 아니었고, 경험이 풍부한 것도 아니었기에 그저 세상사는 이야기를 했다. 상대방이 종사하고 있는 일이 있을 때는 그 일에 대해 미리 조사하기도 하고 그곳에 종사하는 사람이 있으면 그에게 묻기도 하며 관심의 표현으로 시작하여 나의 이야기까지 참 많은 얘기를 했다.

상품 이야기는 꺼내지 않을 때가 훨씬 많았는데 그건 상품판매의 목적이 아니라 내가 만난 사람들의 필요도를 진심으로 찾고 싶어서였다. 또한 상대방의 고민과 어려움, 가치관과 비전을 나누는 시간이 결과적으로 더 중요했다. 이야기를 재미있게 이어 나가다 보니 몇 시간씩 차를 마시며 이야기를 나눌 때도 있었고 내친김에 식사까지 하며 친구처럼 지낸 이들도 있었다. 아마 그 순간은 FP로 마주 앉았다기보다 같은 고민을 하고, 같은 꿈을 꾸는 사람으로 시간을 보냈던 것 같다. 그러니 실적을 계산할 생각은 저 멀리 달아났다.

"어머, 제 얘기만 실컷 하다 끝났네요. 괜히 저 때문에 시간 낭비하셨어요."

"시간 낭비는요. 아니에요. 저도 즐거웠습니다. 그나저나 지금 준비하고 계신 거 꼭 시작하세요. 좋은 결과 있으시면 연락주시구요."

"그럴게요. 그래도 이렇게 헤어지면 안 될 텐데……. 제가 어떤 도움을 드리면 될까요?"

"아닙니다. 재무적인 상담이 필요하시다 생각되실 때 연락주시면 그때 도움을 드릴게요."

"네, 꼭 그럴게요."

오히려 상대방 쪽에서 미안해할 때도 있었지만 마치 주고받기 식의 상담 보다는 인간적인 만남을 더 좋아했던 터라 실적과는 무관하게 사람 만나는 일에 집중할 수 있었다. 신기하게도 이런 지나가는 만남이라도 언젠가는 내게 다시 연락이 왔다는 것이다. 그때는 나와 만났던 날을 기억하며 속이 시원했다며, 말이 잘 통하는 사람과 만나서 생각이 잘 정리되었다며, 고마움을 전함과 동시에 재정에 대한 부분까지 관리를 부탁해왔다.

한번 편하게 트인 사이는 그 다음 만남에서 쉽사리 마음을 열고 이야기를 이어갈 수 있었다. 상대방은 편한 대화 속에 인생 플랜이 생기고 그 계획을 이루기 위해 단기의 준비와 장기의 필요가 느껴지니 자연스럽게 목적자금에 좋은 것을 묻게 되었다. 나는 대박 나는 상품보다는 평균수명 85세까지 먹고 사는 것에 지장 없게 생활할 수 있도록 최대한 안정적인 방향성을 드리는 것에 초점을 맞췄다. 이런 대화의 방향 속에서 고객은 자산관리의 방향을 찾았고 나는 상담자이자 고객의 인생을 응원하며 돕는 사람으로서 비전에 맞는 구석구석을 채워주는 역할을 할 수 있었다.

금융초짜로서 고군분투하고 있을 시절, 한번은 나를 지켜보던 한 친구가 안타까운 마음에 이렇게 물어본 적이 있다.

"윤선아, 힘들지? 쉬엄쉬엄 해. 넌 너무 자기 몸을 혹사해서 죽어라 하는 경향이 있어. 근데 너, 끝까지 잘 할 자신 있어?"

"글쎄 잘 할 수 있을지는 모르겠는데 끝까지 할 수 있을 것 같긴 해."

"왜? 이 일이 그렇게 좋아? 스트레스 안 받아?"

"아니. 물론 실적도 중요한데 일단 사람들 얘기 들어주는 건 자신 있거든. 난 왜 그렇게 사람 만나는 게 재밌을까. 사람 만나는 게 이렇게 좋으니 언젠가는 성적도 나지 않을까?"

이런 이야기를 듣던 친구는 이런 나의 긍정적인 면을 기뻐하며 축복해 주었다. 훗날 재무상담이 결국 고객의 인생을 고민하고 꿈을 이루기 위해 함께 노력하는 과정이란 것을 공감하게 되고, 내가 사람들과 나눈 과정이 필요하다는 것도 알게 되었다. 내가 가장 잘할 수 있는 부분이 세일즈의 중요한 자질이 된다는 것이 뿌듯할 뿐이다.

7. 최윤선식 시간 활용법

"아직 안 자?"

"응. 먼저 자. 나 이거 좀 더 하고 잘게."

결혼 이후 우리 부부가 가장 많이 하는 대화가 아닐까 싶다. 친구 같은 남편과 결혼하고 새롭게 들어선 금융인의 길. 남편은 내가 완전 신입시절부터 헤매며 분투하던 모습을 지켜보며 곁에서 묵묵히 외조를 해 주었다. 특히 그의 외조라면 거의 기계치에 가까운 아내의 무지막지한 사무적인 일의 도우미가 되어 주었다는 것이다. 잠을 자다가도 컴퓨터를 손봐달라는 부탁을 하면 한달음에 뛰어와 고쳐준 뒤 다시 잠자리에 드는 자상한 남편이 있었기에 맘 놓고 일하고 공부할 수 있었다.

우리 부부 사이에는 암묵적인 합의 같은 게 있다. 각자의 일을 열심히 하고 관심과 지지는 하되 터치하지 않는다는 것이었다. 그런 이유로 나는 온전히 나의 일을 즐길 수 있었다. 온전히 하루를 일에 투자할 수 있는 이런 환경 때문인지 정말 바쁘게 보냈다. 광야에 떨어진 사람의 심정으로 무에서 유를 창조해야 하던 신입 FP, 공부해야 하는지 누구를 만나야 하는지 모를 때 막막한 심정으로 시작했던 것은 공부였다.

"선배님, 제가 뭘 공부해야 할까요? 뭐부터 공부해야 실수하지 않고 일을 할 수 있을까요?"

참으로 지극히 초보적인, 어쩌면 한심할 수도 있을 질문을 해가며 공부해야겠다고 생각했다. 그래도 나를 이 길로 이끌어준 고마운 선배들의 도움과, 같은 길을 걷고 있는 쟁쟁한 선배들의 굳건한 모습을 지켜보면서 위로가 되기도 하고 위압이 되기도 했다.

'저 사람들처럼 할 수 있을까? 저 사람들 참 대단하다.'

이런 복잡한 심정 속에서 마음 밭에 자라난 생각은 '그래 나도 해 보자. 나도 할 수 있어.' 라는 끝 모를 의지였다.

그러고 보면 내 속에 목표지향적인 유전자가 있었던 것 같다. 자라온 여정을 떠올려보면 사람 좋아하고, 아쉬운 소리 못하고, 다른 사람 잘 되는 게 더 좋았지만 뭔가 하고 싶은 일이나 해야만 하는 일이 있을 땐 그 목표를 향해 끝까지 갔던 것 같다. 중간에 포기한다거나 멈춘 일은 거의 없었다. 나도 꽤 괜찮은 목표지향적인 인간이란 점을 위안 삼으며 공부에 돌입했다.

"오늘은 어땠어?"

"뭐, 그냥 눈치보고 아는 척 있다가 왔지."

"그래, 처음부터 다 알고 시작하는 사람이 어디 있겠어. 수고 없이 수확할 수 없을 테니 열심히 해 봐."

밤이면 낮에 녹음한 교육 내용을 되감기하며 수없이 되풀이해서 들었다. 그러다보면 늘 등장하는 용어부터 금융상품, 정부의 경제대책이나 제도 등이 등장한다. 그러면 기본적인 용어부터 찾아가며 이해했고, 수천 가지가 넘는 각 보험, 증권, 은행사의 금융상품을 다 이해하긴 힘들어도 훑어보며 상품시장을 이해했다.

특히 정부의 경제정책이나 제도, 세금 면에서는 까다로운 내용이 많았다. 우리 금융인들은 우리의 경제상황 뿐 아니라 세계 경제 동향에도 늘 민감하게 대처해야 했기에 세계로 귀를 열어놓고 있어야 했다. 각종 숫자와 금시초문인 정책이 난무하는 새로운 세상에서 나 홀로 길 잃은 어린 양이 될 때도 있었지만 그럴수록 공부의 힘은 대단했다.

영어 공부하는 아이들이 들리지도 않는 영어 테이프를 계속 틀어놓고 있다 보면 어느새 단어가 들리고 문장이 들린다더니, 내가 꼭 그랬다. 어느 날부터인가 회의에서 선배들이 하는 이야기가 이해되기 시작했고, 고객의 재무설계를 의논하는 과정에서 의견이 생기기 시작한 것이다.

'어? 저 부분에서는 세금의 해결을 위해 종신보험이 필요하지 않나? 아, 주식보다는 채권이 더 나을 수도 있을 텐데.'

이런 생각을 하고 있는 내 자신이 신기할 정도로 지식이 쌓여가고 있다는 것이 느껴졌다.

신입 FP의 어린 티를 벗고 일하는 즐거움에 빠진 다음에도, 관리하는 고객의 숫자가 한 자리에서 세 자리로 커진 후에도 끝없이 변화하는 경제시장에서 공부는 필수였다.

공부 못지않게 중요하게 생각한 부분은 시간이었다. 누구에게나 주어진 24시간, 그 시간을 최대한 활용하는 것은 온전히 나의 몫이었다. 남보다 앞서가기 위해, 혹은 성공하기 위해 시간을 쪼개 쓰는 것이 아니었다. 내게 주어진 시간을 허투루 보내는 일만은 하지 말자는 생각이었다. 그 시간을 고객에게로, 좀더 넓게 생각하면 다른 사람의 인생을 좀더 풍요롭게 만드는 데 소비하자는 사명감이 있었던 것 같다.

그래서 시간 활용에 심혈을 기울였다. 금융인의 하루는 남들보다 일찍 시작한다. 미국의 증시를 확인하는 등의 기본적인 체크가 필요한데다, 국내 경제계 소식을 일찍 브리핑하고 숙지하며 고객에게 전달할 의무가 있기 때문이다. 그래서 새벽이면 어김없이 일찍 일어나 세계 증시를 비롯한 국내 금융계의 소식을 정리하고, 회의에 돌입한다. 그 회의 속엔 영성을 살찌우는 조언도 오고가면서 끊임없이 유입되는 정보를 공유하며, 서로가 서로를 위해 도움을 주고받을 수 있는 내용도 내재하고 있다.

그리고 고객을 위해 자산관리사로서 나름의 정보를 정리하고 그날의 스케줄도 체크한다. 그날 만나야 할 고객에 관한 기본적인 정보 확인부터 금융상품 분석 등 자료를 취합하고 만날 준비를 마친다. 물론 고객마다 필요한 정보가 다르기에 그들에게 알맞은 소식을 따로 정리해서 스크랩하는 것도 포함된다.

이렇게 만남에 대한 일발장전을 마치면 그때부터 각자 스케줄의 시작이다. 고객 숫자가 늘어남에 따라 자연스럽게 시간 단위를 더 쪼개야 했다. 예전에 1시간이 걸리던 스케줄은 30분으로 줄어들었고 퇴근 시간은 더욱 늦어졌다. 어떤 날은 십 수 명의 고객을 만날 때가 있는데 그때에도 자투리 시간 활용은 필수다. 운전 중 정차를 한다거나 신호에 걸릴 때는 짧은 시간 안에 새벽에 정리한 신문자료를 스캔하여 숙지하고, 고객에게 필요한 책을 늘 몇 권씩 들고 다니며 주요 내용을 파악한다. 그리곤 고객과 만났을 때 그 정보를 반드시 전달한다. 그것이 그들에게 필요한지 아닌지는 상황에 따라 다르지만 그래도 FP들의 노력과 관심은 고객과 신뢰관계를 형성하는 데 아주 주요한 역할을 한다.

이렇듯 빠듯한 시간을 활용하다보니 별을 보고 출근해서 별을 보고 퇴근하는 날이 대부분이었다. 고객과 늦은 시간까지 만남이 이어지기 때문에 밤 10시가 넘어 집에 돌아가면 본격적인 금융인으로서의 내면을 채우는 시간을 보낸다. 아무리 연차가 오래되었다 해도 모르는 부분의 보충이 필요했기 때문에 공부하고 책을 봐야 했다.

"학창시절에 이렇게 공부했으면 하버드가 대수였겠어?"

이런 푸념이 나올 정도로 공부에 매달렸다. 해야 하는 공부이기도 했지만 할수록 아는 것이 하나씩 늘어가는 기쁨이 더 컸다. 공부 좋아하는 사람이 어디 있을까 싶지만, 내가 반드시 해야 할 분야, 내가 피할 수 없는 분야에서 내가 몰라서 피해당하는 일이 없도록 하려면 공부는 공격적이고 전투적이며 성과지향적인 것이 된다. 그러다보면 재미를 붙일 수 있고 결과적으로 상대에게 혜택이 돌아가는 것을 볼 때 보람은 더 커진다.

돌아보면 처음부터 그렇게 전투적으로 공부한 덕분에 MDRT 회원으로 가입되고, 꾸준히 그 자격을 유지하며 COT, TOT에 오를 수 있었다고 생각한다. 실제 전 세계적인 TOT들의 면면을 보면 입이 다물어지지 않는 화려한 스펙이 눈에 띄기도 한다. 그만큼 금융인들이 전문화된 인력임을 시사하고 있는 것이다. 그런 테두리에 내가 들어갈 수 있었다는 사실이 참 영광스러운 일이다.

"부사장님은 그렇게 바쁜 스케줄을 어떻게 다 소화하세요?"

한참 뒤 경영인이 된 나를 아는 사람들은 이런 질문을 많이 했다. 그때마다 밤을 낮 삼아 공부하던 때부터 최근까지 2-3시간 밖에 자지 않고 시간을 사용하는 나를 돌아보며 대답한다.

"저도 잘 모르겠어요. 그런데 필요에 의해 공부하고 필요에 의해 만나다보면 시간이 절 쫓아와줍니다. 물론 정신없이 살고 있기는 합니다. 하하하!"

8. 시행착오 : 안 하면 반드시 후회하게 된다

신입 FP 시절의 일이다. 학창시절부터 잘 알고 지낸 한 친구와 만나게 되었다. 절친은 아니었지만 그래도 가깝게 지내던 친구였는데, 금융 쪽 일을 하고 있다는 나를 위해 그 친구는 먼저 고객이 되겠다고 했다.

"윤선아, 제일 좋은 걸로 한번 골라주라."

"그래? 혹시 나를 위해서 그런 거라면 안 그래도 돼. 네 인생의 목적에 필요한 자금이 있어서 상담하는 거면 모르지만."

"나도 자금 필요해. 친구 좋다는 게 뭐냐? 네가 좀 골라 줘. 소개해 줄 만한 거 없어?"

그저 사는 얘기나 나눌 요량으로 만났는데 상담을 하겠다고 하니 당황스럽기도 했다. 그런데 이상하게 그 친구에게 내 일이 어떻고, 상품이 어떻고 설명을 하는 것도 쑥스럽단 생각이 들었다. 마침 가방 속에 늘 가지고 다니는 금융상품 정보가 있어서 친구에게 가장 필요하다고 생각되는 상품을 알려주었다.

"이거 꼭 안 들어도 돼. 네가 필요하다고 생각되면 가입하도록 해. 일단 이 상품에 대해 설명을 하자면…"

"야, 우리 사이에 뭔 설명을 하니? 네가 알아서 좋은 걸로 권해 줬겠지. 설명 같은 거 필요 없어."

"아니 그래도 우리가 하는 일이…"

"괜찮아. 너 믿고 가입할게."

그날 얼떨결에 친구 고객이 한명 더 늘게 되었다. 지금 생각 같아서는 설명도 제대로 안 한 채 금융 상담을 했다는 것이 말도 안 되지만, 그땐 오히려 친구 사이라서 더 불편했다. 그런데 얼마 뒤 바로 탈이 나 버렸다. 나를 통해 상품에 가입한 그 친구가 콜센터를 통해 해지 통보를 한 거였다. 그것도 친구이자 상담자였던 내게 아무 말도 없이 말이다. 머리를 한 대 얻어맞는 기분이었다.

'아니, 그 친구가 왜 그랬지? 내게 전화라도 한 통 했으면 덜 서운했을 텐데……'

그때만큼 서운했던 때도 없었다. 한 번 만나고 말 사이도 아니었고 앞으로 계속 볼 친구였는데, 그 친구는 왜 단칼에 나와 상의 없이 처리해 버렸을까. 자존심이 상했던 나는 친구에게 자초지종을 묻지 않았다. 그저 서운함만 가슴에 품고 시간을 보냈다.

그렇게 얼마의 시간이 흐른 뒤 그 친구와 만나게 되었다. 이미 불편한 사이가 되어버린 우리였기에 서먹서먹한 기운을 지울 수 없었다. 나를 본 친구가 먼저 이야기를 꺼냈다.

"윤선아…! 실은 내가 너한테 말도 안 하고 상품을 취소한 건 회사에 다른 금융인이 와서 얘기하는데 그 상품 안 좋다며 자기 상품을 설명하더라구. 미안하다."

"그래, 네가 먼저 이야기를 꺼내서 하는 말인데 나 정말 서운했어. 상품을 해약한 것이 서운한 게 아니야. 나한테 한마디라도 의논해 줬으면 좋았을 텐데……."

"그 점은 미안한데 실은 난 네가 나중에라도 설명을 해줄 줄 알았거든. 내가 아무리 몰라도 상관없다고 했지만, 그래도 알려줄 거라 생각했어."

다시 머리 한 대를 얻어맞은 기분이 들었다. 이번엔 그간의 나의 잘못 나의 실수에 대한 깨달음이었다.

'그래, 내가 잘못했구나. 내가 금융인으로서 갖춰야 할 최소한의 예의와 의무를 다하지 못했구나.'

이런 생각과 함께 친구에게 무척 미안했다. 괜히 친구 사이에 부끄러운 마음이 들어 회피했던 나의 잘못이었다. 그날 나는 친구에게 진심으로 사과했다. 친구는 그 사과를 진심으로 받아들여 주었고, 결국 다시 고객이 되어 지금껏 자산관리를 받는 중이다.

시행착오! 이것은 지금 내가 우리 회사의 FP들에게 강조하는 것이다. 실수는 누구나 할 수 있다. 처음부터 시행착오를 겪지 않고 자리에 오른 사람은 없다. 실수할 때 실패로 머물 것이냐 아니냐는 실수 여부에 달려있지 않다. 넘어졌을 때 무엇인가 줍고 일어서면 그것은 실패가 아니기 때문이다. 그래서 시행착오가 중요하다. 실패에서 얻은 경험만큼 산 경험도 없다. 나 역시 그 시행착오를 무수히 겪었다. 후배들에게도 실패의 경험을 많이 하라고 이야기한다. 실패를 통해 얻는 경험만큼 지혜를 얻기 때문이다.

"저는 고객이 거절하면 그 다음부터 입술이 딱 닫혀서 아무 말도 못하겠어요."

이럴 때는 거절의 감정에만 연연할 게 아니라 그 원인을 살펴봐야 한다. 혹시 너무 급하게 자신의 용건을 말한 건 아닌지, 고객이 원하는 필요를 정확히 파악하지 못하고 다른 이야기를 한 건 아닌지, 말투와 행동에 겸손하지 못했던 건 아닌지 등 그 상황을 재생시키다보면 어느 정도 원인을 파악할 수 있다. 그렇게 되면 다음번 고객을 만날 땐 같은 실수를 반복하지 않을 확률이 커진다. 그것이 시행착오가 주는 힘이다.

내가 겪은 시행착오를 하나 더 밝혀본다. 금융인이 되기 전까지만 해도 나는 보험을 무척 싫어했다. 어렸을 때부터 받았던 가정적인 영향이기도 하다. 여러 사정으로 인해 부모님이 보험인을 싫어했던 연유였다. 사람에 대해, 아니 직업에 대해 편견을 가지고 있다는 것이 얼마나 끈질기게 편견의 장막을 치는지 금융인의 길을 걷게 되면서 크게 느낄 수 있었다.

처음 금융인이 되어보지 않겠느냐는 선배의 제의를 단칼에 거절했던 것도 마음 속 편견이 가장 큰 부담으로 작용했다. 선배는 그것은 편견에 불과하고 몇몇 보험인의 잘못된 직업의식 때문이며, 이제는 전문적이고 종합적인 금융컨설턴트가 필요한 시기라고 설득했지만 마음이 열리지 않았다. 그 뒤 기도하는 시간을 갖고 인도하심에 따라 금융인의 길에 들어섰지만, 어린 시절부터 드리워졌던 편견은 쉽게 깨지지 않았다.

"윤선아, 그럼 너 이제 보험 같은 거 판매도 하겠네? 그럼 나도 보험 하나 들어줄까?"

직업을 바꾸었다는 소식이 주변에 퍼지면서 어떤 친구들은 나를 염려하는 마음에서 이런 말을 하곤 했다. 그럴 때마다 나는 약간 민감하게 반응했다.

"난 보험사에 소속된 그런 일반 보험인이 아냐. 단기, 중기, 장기의 목표에 맞게 고객의 재무목표에 맞는 상품을 제안하고 고객 스스로 선택하도록 돕는 거야."

"그렇구나. 그래도 너한테 보험 소개받으면 안 되는 거야?"

"그런 건 아니지만 왜 보험을 들려고 하는지 그 이유부터 얘기해줘. 네 재무적인 목표를 먼저 듣고 말하자."

이런 식의 대화로 이어졌다. 혹시 상대방도 나처럼 보험에 대한 불신이 뿌리 깊은 있지 않을까 노파심도 들었고, 당신들이 생각하는 보험 판매원이 아니라는 선을 확실히 긋고 싶은 마음도 있었다. 물론 아직까지 우리 사회에서 보험에 대한 인식이 그리 건전하고 좋은 것만은 아니다. 경제가 발전하면서 선진국에서 취급하는 보험이 들어오고 무분별하게 보험이 파생되면서 각종 보험금을 사기당하는 등 어두운 면도 함께 성장하게 되었다. 유럽에 비해 짧은 보험의 역사 때문인지 보험에 대한 인식이 투명하게 자리를 잡기까지 시간과 인식변화의 노력이 필요할 것이기에 아직까지는 조정 시기라 생각한다.

어쨌든 금융인의 길에 들어섰고, 재무 컨설팅을 하려면 모든 금융상품 보험을 비롯한 예적금 등 다양한 상품을 취급해야 함에도 유독 보험에 대해서는 민감하게 반응했다. 고객이 점차 늘어가고 MDRT를 거쳐 TOT가 되었을 때에도 그런 인식은 쉽게 사라지지 않았다. MDRT 회원이 되려면 해마다 성적을 제출해야 하고, 그 안에 반드시 첨부되어야 할 자료 중에 매출액이 있는데, 그 중에 생명보험 매출도 중요한 부분을 차지한다. 생명보험은 재무 컨설팅에 반드시 들어가는 내용임에도 그리 적극적으로 나서지 않았던 것 같다. 그럼에도 MDRT, TOT가 되는 데 매출액 달성에 문제가 없었다.

그러던 어느 날이었다. TOT 회원이 되고 얼마 지나지 않은 때였다. 관리하는 회원이 수천 명으로 늘어나면서 관리에 쏟는 시간은 짧아졌고 돕는 손길들이 늘어났다. 그러다보니 고객의 자산이 운용되는 과정을 세세히 훑어보지는 못했다. 해마다 어떻게 자산이 늘어가고 있는지 체크하는 정도로 일을 처리하는데, 한 고객의 자산 운용 포트폴리오가 눈에 들어왔다.

그분은 꽤 많은 자산을 가지고 있는 분으로서 나에게 상담을 받고 있었는데 아쉬운 점이 눈에 띄었다. 공격적인 투자와 안정적 자산 관리 등 밸런스를 잘 맞춘 포트폴리오였지만 위험관리 보험쪽이 무척 약하게 설계되어 있음을 감지한 것이다.

'이분은 자산이 있으신 분이기에 보험을 좀 더 강화했어야 하는데.'

후회가 밀려왔다. 고대, 중세, 근대를 거쳐 보험은 위험과 재해를 대비한 사회적 제도로 필요한 것이었고, 지금도 그런 정신이 이어져오고 있건만, 나는 아직도 그 편견을 깨뜨리지 못하고 있음을 체감할 수 있었다.

우리가 취급하는 보험상품만 해도 수백 가지가 넘으니 그중에 옥석을 잘 가려 선택했으면 되었을 텐데 그 과정마저 하지 않았던 것이다. 잘못했다는 생각이 들자 정신이 번쩍 들었다. 온몸이 긴장되고 땀이 삐질삐질 배어 나왔다. 그래서 바로 고객에게 연락을 취했다.

"고객님, 일단 죄송합니다. 제가 생각을 잘못한 부분이 있었던 것 같습니다."

그리곤 내 생각을 충분히 전했다. 지금 자산포트폴리오도 크게 문제될 것은 없지만 모든 환경을 고려할 때 보험이 더 강화되었어야 했던 것, 좀더 강하게 보험 가입을 권유하지 못했던 것, 보험을 강화할 때 얻어지는 효과와 더불어 지금껏 내가 가지고 있던 편견까지 설명했다. 이렇듯 지금도 고객과 만날 때면 서로간 보험에 대한 편견을 깨는 작업을 필요로 한다.

살다보면 많은 시행착오를 경험하기 마련이다. 우리 인생에 이미 살아온 경험이 있는 것도 아니고, 누구나 다 첫 번째 인생을 살고 있는 것이니 누구에게나 시행착오는 당연한 과정이다. 특히 종사하고 있는 전문분야에서 겪어야 할 시행착오는 반드시 겪어야 한다. 누군가 말했다. '넘어지는 것이 실패가 아니다. 넘어졌을 때 뭔가 주워서 일어나면 된다.' 이 말처럼 시행착오도 깨달음이 없으면 매번 그 실수를 거듭하지만, 깨달음이 있고 돌이키면 인생에, 또는 일의 현장에서 위대한 터닝 포인트가 될 것이다. 그래서 지금 난 후배 FP들과 만날 때마다 실수를 두려워하지 말고, 실패를 즐기며 일어서는 직업인이 될 것을 부탁한다.

9. 작업의 정석 : 소중하지 않은 사람은 없다

"죄송한데 친구를 소개하고 싶어요. 정말 어려운 친구라 도움은 안 되겠지만, 그 사람들 한 번 만나주실 수 있나요?"

어느 날 고객으로부터 이런 전화가 걸려왔다.

"그럼요. 제가 어떤 식으로든 도움을 드리도록 하겠습니다."

일을 하다보면 다양한 분들을 만나게 되는데 이렇게 극구 죄송하다는 표현을 쓰면서 친구를 소개하는 분들의 만남은 어떤 마음에선 더욱 감사한 마음이 든다. 그건 그만큼 나에 대한 가치관을 신뢰해서 말씀해주시는 분들이라는 마음이기 때문이다. 나는 고객으로부터 받는 소개가 많은 비중을 차지한다. 그러다보니 여러 분야에 종사하는 이들을 만나게 되고 자산 규모도 다양하며 종교도 생활방식도 다양한 이들과 만난다. 그러나 그들의 공통점은 단 하나였다. 지금과는 다른 새로운 삶을 살고 싶다는 것이다. 그렇게 고객이 소개한 부부와 마주앉았다.

"어서오세요. 뵙고 싶었어요."

"……."

아무 답도 없는 상황이 잠시 이해가 가지 않았다. 마치 부부싸움을 한 것처럼 분위기가 안 좋았다. 벌써 눈빛과 행동에서 고단한 삶에서 벗어나고 싶다는 몸부림이 느껴졌다. 이야기를 들어

보니 그들은 20대 부부로, 어린 나이에 아이를 갖고 결혼하게 되었다. 나이 어린 남편이 갑작스럽게 가장이 되면서 급하게 구한 직장에서의 급여는 110만 원 정도인데, 쓰던 패턴을 그대로 유지하면서 아이까지 낳아서 기르고 있으니 신용불량자가 되었고, 이 상태에서 재무상담이란 소릴 들으니 마음이 내키지 않는 것도 당연했다.

"이 말이 좀 위로가 될지 모르겠지만, 저 역시 스물네 살에 가정의 빚을 떠안았던 때가 있었어요. 빚의 그늘에서 벗어난 지 얼마 안 될 정도로 오랜 기간 저도 돈 때문에 고민 많이 했어요."

부인의 어깨가 흔들렸다. 얼핏 그녀의 팔에는 자해 흔적도 보였다. 나이에 비해 삶의 무게가 버거워보였다. 난 이 고객에게 어떤 말보다 내가 어려운 시절 깊게 알게 된 하나님과의 만남을 전했고, 그 고객은 처음 들어왔을 때와는 달리 눈을 마주쳐주고 눈물을 글썽이며 마음을 열어주었다. 그런 대화를 하던 중 내 눈에 들어온 것은 그녀의 귀여운 귀걸이였다. 귀걸이가 참 예쁘다고 이야기를 하니까 본인이 직접 만들었다고 했다. 난 그것을 몇 개 만들어줄 수 있냐고 물었고, 한 개에 2만원씩 사면 되냐고 물으니 만원도 안 된다고 해서 바로 30개를 주문했다.

그날을 계기로 나는 그 부부와 만남을 몇 번 더 갖게 되었다. 다음번 만남에 귀걸이를 받기 시작해서 주변 친구들도 사게 되고,

나중에는 당시 홈페이지를 만드는 일을 했던 나의 남편의 도움을 받아 귀걸이 판매도 할 수 있게 해 주었다. 이 부부를 만남으로 그들에게 희망을 안겨주었고 나는 도리어 큰 보람을 누리게 된 것이다. 금융인으로서 이 친구로 인해 생긴 수익은 한 푼도 없었다.

세월이 지나 몇 통의 전화를 받게 되었다. 그 부부가 아는 친구들을 소개해주었고, 친구들이 또 다른 사람들을 내게 보냈는데, 그들은 친구들에게 들은 이야기를 통해 나의 가치를 신뢰한다며 자산을 맡겼고 그 만남을 통해 큰 수익을 올리는 일도 생겼다.

금융인으로서는 최고의 위치라고 말할 수 있는 TOT가 되고 여러 단체에서 주는 상을 받게 되니, 여러 매체에서 특히 경제관련 매체에서 수많은 인터뷰 요청이 들어왔다. 그럴 때면 다들 관리하는 고객이 얼마나 되는지, 어떤 고객들이 자산을 맡기는지 궁금해 한다. 그럴 때마다 신용불량자부터 내로라하는 경영인까지 아주 다양한 폭의 고객에 대해 이야기하곤 한다. 그러면 다들 놀라는 눈치다. 대단한 사업가나 자산가들은 당연하게 생각하지만, 현재 빚에 쪼들리는 이들까지 어떻게 고객이 될 수 있냐는 반응이다.

당연한 생각일 수 있다. 하지만 처음 MDRT 협회의 일개 직원으로 미국에 가서 전 세계 내로라하는 금융인들의 모임에서 내 마음을 울렸던 그 말을 아직도 기억한다.

'재무설계란 꼭 돈을 가지고만 상담하는 것이 아닙니다. 몇 억

짜리 포트폴리오를 갖추는 것만이 재무관리가 아닙니다. 오히려 돈이 없는 학생 때부터 재무관리를 받고, 부채가 있는 사람들이 재무설계를 받아 위험에 빠지지 않도록 미리 예방하는 차원에서 이루어져야 합니다.'

그 당시 나는 재정적인 어려움에 쫓기고 있었기에 고맙고도 커다란 위안이 될법한 말이었다. 그 강의 때문은 아니었지만 어쨌든 그 뒤 금융인의 길에 들어선 뒤로도 그 사람이 남긴 메시지는 일하는 동안 직업관으로 자리잡았다. 그러니 재정적으로 어려운 사람이 고객이 되는 건 당연한 일이 아닐까.

소중하지 않은 고객은 없다. 우리와 고객은 필요에 의해 만난 사이지만 그 관계를 극대화하려면 서로가 최선을 다해야 한다. 서로의 진심이 맞닿지 않으면 돈만 왔다 갔다 하는 관계로 그칠 수 있지만, 진심이 오갔을 때 돈은 한낱 수단에 불과하며 그 사람의 인생, 나아가 세계를 향한 비전이 커나가는 위대한 순간에 동참할 수 있다. 그 주인공이 누가 될 지는 하나님만 아신다. 그래서 소중한 고객을 위해 진심을 보일 수밖에.

10. 포기, 그 아픔의 순간

어렸을 때부터 나는 그리 건강한 편이 아니었다. 1.58kg으로 태어난 나는 또래에 비해 키도 작고 몸집도 많이 작고 잔병치레도 잦았다. 게다가 어릴 때부터 나를 괴롭혔던 것은 지독한 멀미였다. 5분 이내의 짧은 거리를 갈 때도 차를 타면 멀미에 시달리곤 했다. 그래서 부모님과 차를 타고 할머니댁을 간다거나 어디를 놀러가는 일은 고역이었다. 머리가 흔들리고 속이 울렁거리는 증상은 시간이 갈수록 더해져 결국 차에서 내려 정신을 차리고 난 뒤 다시 차를 타는 등 멀미는 치명적인 증상이기도 했다.

가장 치열하고 고된 날을 보냈던 20대에도 어쩔 수 없이 운전을 해야만 했다. 대중교통을 이용하면 도저히 정신을 차릴 수가 없으니 작은 차라도 운전해서 가는 방식을 선택했던 것이다. 신기하게도 운전을 했을 땐 멀미 증상이 거의 없었다. 치명적인 멀미는 지금까지 이어지고 있는데, 그뿐 아니라 비염과 같은 고질적인 병은 체질을 많이 약화시켰다.

결혼하기 전에는 혼자 몸이었기에 약한 부분이 그리 신경 쓰이지 않았는데, 결혼을 하고 난 뒤에는 아무래도 아기를 가져야하기 때문에 신경이 쓰였다. 물론 그 부분에 대해 남편은 가타부타 말을 하지 않았는데, 괜히 스스로 위축되었던 것 같기도 하다.

처음 FP를 시작했을 땐 꿈도 못 꾸던 일이라 임신을 피했지만 차츰 시간이 지나자 더 늦기 전에 아이를 갖고 싶다는 마음이 들었다. 그런데 하필이면 그 타이밍에 부지점장을 제안 받았다. 수천 명에 육박하는 고객을 관리하는 것도 모자라 FP들을 관리하고 그 팀의 관리를 총괄하는 부지점장 역할을 하라고 하니 과부하에 걸릴 정도였다.

"못합니다. 제 업무도 너무 과중할 뿐 아니라 개인적으로도 힘에 부칩니다."

"그래 알고 있지. 그래도 매니저로서 후배들을 좀 이끌어줘."

"아니요. 저는 이제 아이 계획도 세워야 하구요."

"아이? 그럼 낳아야지. 부지점장 하면서 아이 낳으면 되잖아. 회사에서 그런 배려 안 해줄까봐? 다 해 줄게. 일하고 아이도 낳을 수 있도록 도와줄게."

아마 그때 처음으로 나도 여자라고 인지를 했던 것 같다. 그 전까지만 해도 남직원 여직원 구분 없이 그저 같은 FP로서 일했던 것 같은데, 막상 임신과 출산 이야기를 하다 보니 기분이 좀 이상해졌다. 특히 '아이 낳아!' 라고 쉽게 말하는 회사 경영진의 태도도 그리 달갑지 않았다.

어쨌든 그때 나는 아이도 낳으며 최초의 TOT겸 부지점장으로서 역할을 다 하리란 소망을 안고 출발을 했다. 새로 조직한 팀은 나를 제외하고 전원이 햇병아리 직원들이었다. 몇 년 전 나의 모습을 보는듯하여 애틋하면서도 막막했다. 내가 조직한 인원들이지만 언제 저들을 가르쳐서 금융인을 만들지 나도 모르게 한숨이 나오기도 했다. 그럼에도 결국 내가 결정한 선택이었고, 그 선택에 맞도록 결과를 내야 했다.

그렇게 힘겨운 사투를 이어가면서 부지점장에서 지점장으로 승진했을 때 아이 소식이 들려왔다. 주치의는 이미 한 번 유산한 경험이 있다는 걸 알았기에 특별한 관리를 요구했다. 나 역시 이번에는 아이를 소원했고 낳겠다고 다짐한 상태였기에 마음가짐을 새롭게 했다. 그러나 그것도 잠시, 회사로 돌아오면 이미 직업전선에 들어온 군사였기에 내 속에 생명이 자라고 있다는 사실을 잊을 때가 많았다.

그렇게 얼마 지났을 때였다. 아침부터 배가 살살 아프기 시작했다. 문득 안 좋은 생각이 스쳐가긴 했지만 그래도 마음을 다잡았다.

'그래 이것만 마무리하면 오늘 오후부터는 좀 쉬어줘야지. 아가…, 조금만 참아줘라.'

머릿속으로는 하루에 소화해야 할 스케줄이 둥둥 떠다니고 있었기에 쉬는 것도 몇 가지 일을 처리한 후에 몰아서 겨우 할 수 있었다. 그런데 배 아픈 강도가 점점 심해졌다.

'왜 이러지? 무슨 문제가 생겼나?'

배는 점점 아파왔다. 조여 오는 통증이 계속되면서 결국 하혈을 했다. 큰일 났다 싶은 마음에 바로 병원으로 달려갔다. 이번엔 무슨 일도 없기를 간절히 기도하며 병원으로 향했는데 이미 늦었다.

"안타깝네요. 유산입니다."

내 상태를 살펴본 의사의 말을 들었을 때 다리에 힘이 쭉 풀렸다. 어떻게 손 쓸 틈도 없이 한 생명이 사라져버린 것이다. 착잡하고 서러웠다. 조금만 여유를 갖고 쉬었더라면 이렇듯 허망하게 생명을 떠나보내지 않아도 되었을 텐데. 고집 부려 여유를 찾지 못한 내가 원망스러웠고 이럴 수밖에 없는 현실이 안타까웠다. 그리고 미안했다.

그렇게 몇 년이 흐르고 얼마 전, 마지막이라고 생각하던 시기에 또다시 반가운 소식을 접했다. 예전과는 다르게 반가운 마음이 컸다. 오랜만에 들려온 아이 소식이었고 스스로 생각한 마지막 시기였기에 감사한 마음이 더했다. 상황은 예전이나 지금이나 달라진 게 없었다. 아니 이젠 관리자의 입장이 되어 신경 쓸 일이 더 많았지만 아이에 대한 예의를 지키며 몸을 관리하려 노력했다. 남들처럼 마음껏 쉴 수 있는 입장은 아니었지만 사무실에 나와 있을 때 잠깐씩 누워있기도 하고 어떤 때는 사무실 한켠에 1시간씩 누워 있는 날도 있었다. 그것은 그동안에는 없던, 나에게 주는 최선의 휴식이었다.

그러나 또 한 번 아픔이 다가왔다. 이번에는 엄마가 되고 싶은 마음이 컸는데 그건 내게 허락되지 않았다. 병원에서 더욱 조심해야 한다는 이야기를 듣고 장기휴가를 낼 참이었다. 근데 그 날, 아기는 또다시 훌쩍 떠나버렸다. 그날은 정말이지 어떤 일도 손에 잡히지 않았다. 남편에게 소식을 전할 때도 담담할 수 없었고 누구보다 임신 소식을 기뻐하던 친구와 가족들에게 전해야 할 때도 감정을 숨길 수 없었다. 누구보다 내 자신에게 다가오는 상실감에 무릎이 휘청거렸다.

'아가야…, 미안하다. 정말 미안해. 달리 할 말이 없다.'

뱃속의 아기를 하늘나라로 떠나보내는 날, 심정이 복잡하고 혼란스러웠다. 생각으로만, 느낌으로만 아가를 축복했었지, 품 안에 안고 축복의 말을 해 주고 싶던 소망이 소망만으로 끝이 나버린 것에 대한 슬픔이 있었다.

때때로 포기해야 할 것들이 있다. 성공을 위해 포기하는 것이 아닌, 내 힘으로 되지 않아 포기해야 할 일이 누구에게나 있다. 인간적으로 그것을 붙들고 있을 때 더 고통스러울 수 있는 지점, 내게 그 버튼은 바로 생명이 아니었을까 싶다. 때론 그 버튼을 발견하고 누르려는 마음을 내려놓는 여유도 필요하다.

이제 난 그 마음을 내려놓았다. 온전히 내려놨다고 말할 순 없어도 그래도 때론 포기해야 할 것도 있다는 것을 깨달았으니 그것으로 족하다. 어쩌면 그런 내려놓음을 통해 내게 또 다른 귀중한 것을 보게 하려는 그분의 귀한 뜻이 있을지도 모르기 때문이다. 그리고 또 아는가, 아무도 생각지도 않은 순간에 내려놓음에 버금가는 귀한 선물이 다가올지.

4

결과가 아닌 가치를
돈! 하라

우리는 'Why'에 주목할 필요가 있다.
그저 사는 삶이 아니라, 왜 사는지 끊임없이
질문하는 자세가 철학을 만든다.
무엇을, 어떻게 사는가에 집중하는 삶 보다는
왜 일하는가, 왜 사는가에 집중하다보면 내면적 가치를 찾게 된다.
결과가 아닌 가치에 따라 움직이는 삶을 살게 된다.
가치가 삶을 자유롭게 이끈다.
가치가 삶을 풍요롭게 창조한다.

chapter 4 托 돈 움직이다 끌다 문지르다

움직이다

끌다

문지르다

 를 바라는

Chapter 4 托 돈 움직이다 끌다 문지르다

결과가 아닌 가치를 돈! 하라

1. 내 생애 최고의 멘토

그 분을 처음 뵌 것은 스물 셋이 되던 해였다. 배형규 목사님은 내가 가정 형편이 어려워지고 청년 가장이 되어 어려운 터널을 건너고 있을 때, 나를 비롯한 우리 청년들의 아버지를 자처하며 모든 일을 돌봐주셨다. 특히 친구네 집에 살다가 친구의 결혼으로 갈 곳이 마땅찮아진 내 사정을 아시곤 당신의 집으로 들어와 살도록 배려해 주셨다. 사모님과 아이도 형편 어려운 청년을 돕는 걸 당연하게 여겼기에 그 고마움을 누릴 수 있었다.

그분의 삶은 복음 안에서 청년들을 돌보며 일꾼으로 세우는 것이었다. 청년들을 위해 당신의 목숨을 바쳐도 좋을 것 같다는 고백으로, 오로지 청년 사역에 몸을 바쳤기에 300명이 넘는 청년들의 세세한 부분까지 기억하여, 한 사람씩 찾아가 위로하고 기도하며 지원을 아끼지 않으셨다. 본인의 통장 잔액은 늘 0원이었지만, 마음은 누구보다 부자처럼 사셨기에 하나님은 그에게 물질을 지원하는 일을 어려움 없이 추진하도록 하셨다. 어머니의 갑작스런 발병과 함께 병원비 마련에 어려움을 겪고 있을 때에도 안타까운 형편을 짐작하시곤 청년들의 자발적인 후원을 받아들고 병원으로 뛰어오실 만큼 사람에 대한 관심과 사랑이 뛰어나셨다.

한번은 목사님과 함께 지낼 때 목격한 일이다. 청년들은 수시로 목사님에게 전화를 걸어 상담을 하곤 했고, 목사님은 언제나 친절히 청년들의 전화를 받으셨고 기도해 주셨다. 어떤 청년이 밤늦게 전화를 걸어와 어떤 이야기를 했는데 언뜻 들어도 청년이 잘못한 것 같았다. 한두 시간 정도 이야기를 들어주시면서 단호히 잘못한 부분을 지적하신 후 기도하며 전화를 끊으셨다. 그런데 그 다음 목사님은 바로 무릎을 꿇으시더니 이불을 뒤집어쓰고는 큰소리로 울며 기도하기 시작하셨다.

"주님, 저의 죄를 회개합니다. 청년들을 위해 사역한다고 했지만, 제가 제대로 가르치지 못해서 그 형제가 고통 속에 있게 된 것을 회개합니다. 모두 제 잘못입니다. 그러니 주님, 제 잘못을 용서

하시고, 그 형제가 하나님 앞에서 바로 설 수 있기를 기도합니다."

그때 그 모습을 목격한 나는 큰 충격을 받았다. 정말 영혼을 사랑한다는 것이 바로 이런 모습이라는 것을 깨닫게 된 것이다. 사랑하는 사람들이 힘들어할 때 그 힘든 것을 깨닫지 못한 자신을 회개하고, 그 영혼이 잘못된 길로 들었을 때 그 위험 요소를 미리 제거하지 못한 자신을 회개하고, 어떤 상황에서든 그 영혼이 바로 설 수 있기 위해 자신의 일을 멈춰 서서 기도할 수 있는 마음이 내게도 있는가? 청년회에서 양육 받으면서 목사님의 권유로 리더로 서게 되었고, 강도 높은 훈련을 받으며 청년 사역을 돕는 자가 되었음에도 목사님과 같은 영혼 사랑의 마음이 있는가, 배 목사님은 그 존재 자체로 내 삶을 돌아보는 거울이 되었다.

삶의 어려운 시기 가운데 그분을 만나게 하신 하나님의 은혜가 있었기에 나는 사람이 우선이고, 영혼이 귀중하다는 사실을 가슴 깊이 채워 넣을 수 있었다. 또한 그는 나만의 목사님이요, 청년들 개개인의 목사님이기도 했다. 시간적인 여유가 없으셨을 텐데도 수많은 청년들이 각자 자신이 기억하는 또렷한 목사님의 기억이 있는 걸 보면 누구에게나 똑같은 사랑을 베푸셨고 진심을 보이셨기에 가능한 일이었을 것이다.

그렇게 나의 청년 시절을 밝게 인도해 주셨던 배 목사님은 너무도 갑작스럽게 우리 곁을 훌쩍 떠나셨다. 2007년 여름, 세상을 안타깝게 만든 아프가니스탄 피랍 사건 때 영원히 하늘로 순례의 길을 가셨기 때문이다. 피랍소식을 접한 당시 나는 정신을 차릴 수가 없었다. 단기봉사팀원들의 안위도 문제였지만, 그들을 이끌고 계신 배 목사님에 대한 걱정 때문에 오직 기도 밖에 나오지 않았다.

'하나님, 제발 그들 모두 무사히 한국으로 돌아올 수만 있게 해 주세요.'

그런데 하나님은 배 목사님을 너무 사랑하셨던 것 같다. 그간 이 땅에서 청년들을 위해 죽을 수도 있다는 각오로 헌신한 목사님에게 안식 주시기를 원하셨던 것 같다. 결국 피랍사건의 희생자가 되어 하늘 소풍을 떠나셨기 때문이다. 그 무섭고 두려운 시간들을 어떻게 보내셨을까. 함께 갔던 청년들에게 끝까지 의연한 모습을 잃지 않으시며 위로하시던 목사님은 본인이 희생의 주인공이 되겠다며 이런 말씀을 하셨다고 한다.

"저 사람들이 우리를 위협하고 고문하거나 죽인다 할지라도 우리는 저 사람들에게 폭력으로 대항해서는 안 됩니다. 예수님께서 묵묵히 핍박과 조롱을 견디시고 십자가를 지신 것처럼 우리도 저 사람들을 사랑으로 대해야 합니다."

순례자가 되어 가실 때까지 영혼에 대한 사랑을 가르치셨던 배 목사님의 이야기는 나로 하여금 가슴 한 구석을 후벼 파는 아픔이자 사랑이자 열정의 씨앗이다. 목사님이 천국에 가신 뒤 피랍사건은 해결되었고 우리는 뒷이야기를 묵묵히 감내해야 했지만, 그래도 모든 어려움을 참아낼 수 있었던 것은 배 목사님이 남기고 가신 은혜가 있었기 때문이다.

지금도 나는 일의 현장에서 나의 멘토가 되셨던, 지금도 되고 계시는 배 목사님을 떠올린다. 돈 보다 삶의 가치, 사람의 가치를 먼저 생각하자고 하면서도 때때로 그 가치관이 흐려질 때면 정신 바짝 차리라고 말씀하시는 배 목사님을 잊을 수가 없다.

"윤선아! 돈 문제가 가장 쉬운 문제다. 영혼이 잘못 되면 모든 게 소용없다. 윤선아, 돈 문제에 앞서 영혼을 먼저 돌아봐라."

목사님이 하늘나라에 가시고 5년이 지날 무렵, 목사님께 훈련받던 청년들이 마음을 모아 순교 5주년 기념 추모집을 발간했다. 꽤 두꺼운 추모집 〈별, 순례의 길을 가다〉안엔 배 목사님으로부터 받은 사랑의 흔적들이 켜켜이 담겨 있다. 목사님은 청년들이 처한 환경과 상황에 따라 각자 다르게 만나주셨고, 그들이 기억하는 목사님은 '사람을 진실하게 사랑하는 분'이란 공통점이 있었다. 그 짧은 시간에 어떻게 그렇게 많은 청년들을 만나고 위로하고 기도할 수 있었을까. 온 몸을 사랑으로 불사르고 가신 배 목사님을 생각하면 나도 모르게 자세를 바르게 하게 된다. 사람을 사랑하고 있는가, 사람이 물질보다 우선이라는 마음으로 일에 임하고 있는가, 최우선순위를 영혼을 살리는 일에 두고 있는가를 묻게 된다.

스티븐 코비는 일의 우선순위의 4단계를 말했다. 1순위는 중요하고 급한 일, 2순위는 중요하지만 급하지 않은 일, 3순위는 중요하지는 않지만 급한 일, 4순위는 중요하지도 않고 급하지도 않은 일이라고 한다. 소위 성공했다고 불리는 이들을 들여다보면 일의 우선순위를 잘 처리한 덕분이다. 중요하고 급한 일 먼저 처리하고 단계가 내려갈수록 자제하고 결단하여 시간의 효율성을 늘리는 실천을 했던 것이다.

나는 1순위, 중요하고 급한 일을 무조건 '사람'에 두고 싶다. 어떤 이들은 계약을 먼저 하는 것을 중요하고 급하게 여길 수도 있지만, 내게 있어 그건 2순위, 3순위에 해당하는 일이다. 사람을 사랑하는 본을 보여주신 나의 멘토에게 배운 대로 나는 내가 사랑해야 할 사람을 향해 시간과 물질과 마음을 쏟고 싶다. 사람을 세우는 일, 그 사람을 올바른 길로 안내하는 안내자의 역할을 할 수 있었으면 좋겠다.

우리 회사는 매일 아침이면 직원 모두가 모여 예배와 함께 하루 일과를 시작하는데, 말씀을 나누고 서로를 위해 기도하는 시간을 가질 때마다 이렇게 기도한다. 사람을 있는 그대로 바라볼 수 있는 순수한 마음과, 사람이 지닌 가치를 발견할 수 있는 예리한 눈과 사람으로, 함께 웃고 울어줄 수 있는 따뜻한 가슴의 체온을 유지할 수 있기를, 나를 비롯한 우리 회사 우리 직원들이 모두 그런 이들이 될 수 있기를 소망한다.

2. 불문율을 깨고 한계를 넘어라

알게 모르게 우리 업계에는 불문율 같은 것이 있다.

'인상파 고객은 피한다.', '처음 만남이 어그러지면 끝까지 좋지 않다.'

일종의 징크스 같은 게 있다지만, 나는 크게 신경 쓰지 않는다. 처음엔 고객을 가릴 만큼 능력이 있었던 것이 아니었고, 시간이 지났을 때는 사람 만나는 자체가 즐거웠으며, 이런 이야기를 나눌 여력이 없었기에 나만의 길을 걸을 수 있었다.

그러다보니 업계에서 그리 환영받지 못하는 고객의 유형도 많이 만났다. 최근에 만난 한 여의사는 피하고 싶은 유형 중 한 사람이었지만 편견을 깨기에 충분히 좋은 만남이었다. 그녀와의 첫 만남은 그리 반갑지 않았다. 나는 회사 경영과 함께 현업으로 너무 바쁜 상태였기에 소개를 받고서도 미처 시간을 내지 못했다. 그러다 어느 날 갑자기 생각이 나서 그분이 일하시는 병원으로 차를 돌렸다.

"안녕하세요. 저는 National FP의 부사장 최윤선이라고 합니다."

"네, 앉으세요."

찬바람이 쌩쌩 부는 첫 대면이 이루어졌다. 의사라는 사회적 지위가 주는 위압감도 있었지만, 나를 바라보는 그녀의 시선이 차갑다는 것을 한 눈에 파악할 수 있었다. 조금 심하게 표현하자면 상품을 팔러 온 외판원 취급을 하고 있는 애매한 분위기 속에서도 나는 생각했다.

'쉽지 않겠구나. 그래도 진심은 통한다.'

그분과 잠깐 나눈 면담 시간은 냉랭했다. 그럼에도 나는 소개해 준 분의 성의를 떠올리며 최선을 다해 만남을 마쳤다. 그녀가 지금은 차가운 표정 속에 자신을 가두고 있지만, 분명히 진심이 만나는 지점이 있을 거라는 확신이 온 것이다.

"선생님, 저 같은 금융인에게 안 좋은 선입관이 있으신가요?"

내가 묻자 이런 저런 이야기 끝에 그 여의사는 왜 나를 외판원처럼 상대하게 되었는지 상처를 슬쩍 비쳤다. 자신이 신뢰하는 사람에게 당했던 일로 인해 아무도 못 믿게 된 것 같았다. 잘 아는 사람에게서 이런 일을 겪은 뒤로 금융인에 대한 인식이 극도로 나빠졌던 것 같다. 그런 상처가 있는 사람에게 '저는 그런 사람이 아닙니다'를 백 번 말한들 아무런 도움이 되지 않는다. 나는 그저 마음 편히 다음에 뵐 수 있으면 좋겠다는 인사로 마무리했다.

"원장님, 오늘 제가 찾아온 건 그저 서로에 대해 알기 위해서입니다. 제가 하는 일이 어떤 일이고 어떤 차별점이 있는지 또 저는 어떤 사람인지 아시는 게 중요하다고 생각해요. 저는 이미 충분히 말씀을 드렸다고 생각합니다. 앞으로 상담을 받으실지 아닐지는 전적으로 원장님께 달렸습니다. 그건 원장님이 결정하십시오."

만남을 마치고 돌아 나오는데 마음이 무거웠다. 아직도 우리의 일로 인해 상처받는 이들이 곳곳에 있다는 사실로 마음이 아팠기 때문이다. 어쩌면 그분과의 만남이 이번이 마지막일지도 모르는데 좀 더 노력했으면 좋지 않았을까 하는 아쉬움도 있었다.

그 일이 있고 며칠 뒤 제주도로 출장을 가게 되었다. 평소 강아지라면 근처에도 가지 않던 나였건만 그날은 참 이상하게도 강아지가 예뻤다.

"아저씨, 이 강아지 태어난 지 얼마나 됐어요?"

"예쁘죠? 한 2-3주 됐나? 우리 금순이가 새끼 낳느라 고생했지. 데려가 키울 생각 있어요?"

"네? 그래도 돼요?"

"우리 금순이가 힘들게 낳은 새끼들이니 잘 키울 사람한테만 분양할거요. 근데 아가씨는 인상도 좋으니, 내가 분양해 드릴까?"

참 이상한 일이었다. 내가 키울 자신은 없었지만, 다른 사람에게 선물해 주고 싶다는 마음에 강아지 두 마리를 안고 돌아왔다. 올망졸망한 강아지 두 마리가 노는 모습이 어찌나 귀여운지 나도 모르게 한참을 들여다보고 있는데, 그 여의사 고객이 떠올랐다. 왜 그런지는 모르겠지만, 이 따뜻한 풍경을 전달해 주고 싶다는 강한 소망이 일었다. 그래서 서둘러 강아지 모습을 사진에 담아 그분에게 카톡으로 보냈다. 그리곤 이런 메시지를 보내드렸다.

"저도 이런 카톡을 잘 안 보내는데, 웬일인지 오늘은 제주도에 출장을 와서 만난 금순이 새끼들의 귀엽고 따뜻한 모습을 전달해드리고 싶었습니다."

그러자 답장이 왔다. 고맙다는 인사와 함께 본인도 가족들과 여행을 와 있다는 내용이었다. 며칠 전의 쌀쌀함이 많이 누그러진 것 같았다. 나는 계속적으로 그분에게 긍정적인 마음을 전했다. 그렇게 그분은 소중한 나의 고객이 되었다.

불문율은 말하자면 자기 자신을 향한 한계다. 불문율에 연연하다 보면 제대로 일할 시도조차 못할 가능성이 크다. 차 떼고 포 떼면 남는 게 없다는 말이다. 세계 역사를 보더라도 이루지 못할 꿈을 꾼 이들이 세상의 역사를 바꾸지 않았는가.

우리 업계에서도 마찬가지라고 생각한다. 피하고 싶은 순간, 놓아버리고 싶은 현실이 날마다 찾아온다. 그것을 불문율이란 포장지에 쌓아두다 보면 새로운 도전, 한계를 뛰어넘는 일은 시도조차 못한다. 현상을 유지하는 것은 가능할 수도 있지만, 그 삶은 밋밋하기 그지없다. 그래서 시도가 필요하고 도전이 필요하다. 그 마음은 긍정에서 비롯된다.

긍정은 한 사람의 굴곡진 삶을 올바르게 이끄는 에너지가 되어 준다. 긍정이 더 빛나는 이유는 자신 뿐 아니라 주변도 밝게 비쳐 어둠을 가려준다는 것이다. 나는 이 긍정의 힘을 더 많은 금융인들이 자신의 것으로 만들었으면 좋겠다. 그래야 그들과 마주하는 고객의 삶이 밝아지고, 나아가 사회가 밝아질 것이 분명하니 말이다.

3. 기적을 만든 만남들

"부사장님, 고객 중에 유명한 사람도 많다면서요?"

"네. 연예인들이 꽤 되죠."

"정말요? 누구요? 연예인 얘기 좀 해 주세요."

이런 부탁을 받을 땐 좀 곤란하다. 연예인의 사생활이 궁금한 것인지, 그들이 얼마나 벌고 어디에 쓰는 것이 궁금한 것인지, 그것도 아니면 연예인과 친분이 있다는 것만으로도 부러워하는지 모르기에 무슨 말을 해줘야 하는지 모르겠다. 그때마다 나의 단골 손님으로 등장하는 분은 개그맨 박수홍 씨다. 지금은 우리가 세운 회사의 소중한 고객이자 홍보대사 역할까지 해 주기에 더없이 고맙다.

박수홍 씨는 지금의 회사를 창립하기 이전에 인연을 맺었다. 금융 분야에서 이름이 알려지기 시작하면서 방송 출연 제의가 들어왔고, 재무상담 프로그램에 출연했지만, TV 앞에만 서면 울렁증이 생겼다. 그런 까닭에 TV 출연은 고사하게 되었고, 대신 라디오 프로그램만 나가 방송의 경험을 쌓게 되었다. 얼굴을 알지 못하는 청취자들에게 말 한마디라도 도움을 줄 수 있다는 것이 또 다른 위안이 되기도 했다. 그러면서 자연스럽게 방송에 종사하는 이들과 인연을 맺게 되었고, 고객이 되는 일이 많아졌다. 그 중 한 분이 개그맨 박수홍 씨의 동생이란 사실을 알게 되었다.

"실은 저희 형님이 이번에 웨딩 사업을 시작하게 되었는데요, 투명하고 좋은 재무 서비스를 고객에게 주고 싶다는 마음이 커요. 그래서 제가 부사장님 말씀을 드렸더니 한번 만나고 싶다고 해요."

"아, 그러세요? 박수홍 씨라면 그 젠틀하신 개그맨?"

"네, 사실 주변에 자산관리 하시는 분들이 얼마나 많겠어요. 그런데도 그분들보다 부사장님을 소개해 드리고 싶은 마음이 있어서요. 누구보다 제가 신뢰하고 있고 정직하게 잘 해주실 거라 믿거든요."

그렇게 박수홍 씨와 인연을 맺게 되었다. 박수홍 씨는 사업적인 마인드도 있었지만, 자신의 고객을 배려하는 마음이 확고했다. 재무적인 것으로 가정이 위기를 겪는 것을 원치 않았다. 어떻게 보면 다른 업체는 귀찮아서 하지 않는 일을 굳이 해 가며 가정을 세워가길 원하는 아주 좋은 마인드를 가진 사람이었다.

"저는 웨딩 사업을 하면서 이곳을 찾는 예비 신혼부부에게 최상의 서비스를 해주고 싶어요. 개인적인 자산관리도 부탁드리지만 그보다 이제 막 가정을 시작하려는 예비부부에게 재무상담을 객관적으로 잘 해 주기를 바라고 있습니다."

"정말 좋은 생각이세요. 맞는 말씀입니다. 재정관련 상담은 예방 차원에서 이뤄지는 게 더 효과적입니다. 저도 그 의견에 동의합니다. 제가 도와드릴게요."

라엘 웨딩의 재무상담은 그렇게 시작되었다. 대표인 박수홍 씨는 신실한 크리스천 CEO로서 기업을 경영해 나갔으며, 무엇보다 앞으로 가정을 꾸릴 부부에게 실제적인 도움을 주고자 애썼고, 그에 맞춰 나 역시 예비부부들을 만나며 재무설계를 도왔다. 그들과 만나 상담을 나누는 일은 청년회에서 섬기는 일과 다르지 않았기에 마음이 편했다. 그동안 많은 청년들의 결혼 및 상담 등을 맡았었다. 특히 청년들의 결혼 과정을 진행한 경험이 있어서 결혼과 관련해서 이야기를 나누고 예식을 행하는 일 등은 이미 훈련이 되어 있었다. 아마 그런 훈련 덕분인지 라엘 웨딩에서 재무상담을 할 때는 더욱 편안한 마음으로 예비부부들과 만날 수 있었다.

실제로 앞으로 가정을 꾸려갈 예비부부들에게 가장 중요한 것은 앞으로 둘이 만들어 갈 미래의 가정, 미래의 비전을 나누는 일이다. 쓸데없이 예식이나 예물 등에 마음을 뺏길 것이 아니라 어떤 가정을 만들어 갈 것인지 이야기를 나누고 비전을 세우는 것이다. 재무상담은 그 일부에 해당하는 것이지만 재무목표 역시 비전을 세우며 따라오는 항목이었기에 나는 그들과 이야기를 나누며 재무에만 국한되지 않는 인생 전반에 대한 그림을 함께 그려가길 원했다.

"두 분은 미래에 어떤 가정의 모습을 원하는지 이야기를 나눠보셨나요."

"글쎄요, 별로 그런 얘긴 안 해봤는데."

"앞으로 평생을 함께 하실 건데 가정에 대한 그림을 그리면서 가는 것이 더 좋을 것 같아요. 어릴 때 미술시간에 밑그림을 미리 그려놓으면 더 완성된 그림을 그리기 쉽고 시간도 단축되듯이 인생도 그런 것 같습니다."

"그렇죠. 행복한 가정도 좋지만, 요즘 이혼하는 부부도 많다는데 끝까지 함께하는 가정이 되면 좋겠어요."

"그래요. 그럼 끝까지 함께 가려면 제일 중요한 게 뭐라고 생각하세요?"

"부부 간의 믿음이죠. 서로 의심하는 게 아니라 믿어주고 신뢰하는 거죠. 사실 우리가 연애하면서 잘 믿지 못해서 싸운 적이 많았거든요."

"그런데 어떻게 극복하셨어요?"

"헤어지려다가도 상대를 믿는 마음이 크다는 것을 깨닫고 미래를 함께 할 수 있겠다는 확신을 얻었어요."

이러한 재무상담은 내게 신선한 자극제가 되었다. 더 나아가 소중한 만남을 선물하기도 했다.

한번은 결혼식을 앞둔 예비부부와 만나는 자리였다. 남편이 될 분은 인테리어를 하는 분이셨고, 아내는 참한 여성으로 신부수업 중이었다. 사무실에 그들이 들어오는데 그날따라 이상하게 마음이 더 가는 게 느껴졌다.

"우리, 식사 하면서 얘기 나누실래요?"

평소 나는 고객과 식사를 잘 하지 않는다. 아니 안 한다기보다 잘 못하는 게 더 맞을 것이다. 그래서 웬만하면 차를 마신다거나 브런치를 나누는 정도로 마무리하는 편인데 결혼을 앞둔 그 두 남녀에게는 밥을 같이 먹고 싶다는 생각이 들었다. 그렇게 식사자리까지 이어지며 우리는 즐겁게 대화를 나누었다. 대부분의 예비부부들이 그렇듯 그들 역시 아직은 어리숙한 면이 있지만, 아름다운 모습이 많았다. 인테리어업에 종사하고 있던 남편과 이야기를 나누는데 그의 됨됨이와 성실한 느낌, 긍정적인 마인드가 인상적이었다. 저런 사람과 같이 같은 길을 걷는다면 참 좋겠다는 느낌이 왔다.

이런 저런 이야기 끝에 재무적인 이야기도 나누게 되었는데, 그는 자신의 일에 대해 고민을 하고 있는 듯 보였다. 나는 밑도 끝도 없이 이런 질문을 했다.

"혹시 금융인 어때요? 한번 해볼 생각 없으세요?"

순간 그는 흠칫 놀라는 듯했다. 갑작스런 제안이라 당연한 반응이었다.

"제가 혼란을 드리려고 하는 말이 아니에요. 제가 원래 상담하는 분들과 밥도 잘 안 먹는 편인데 두 분은 웬일인지 마음이 더 가더라구요. 특히 남편 되실 분 인상도 너무 좋고 마인드도 참 좋으신 것 같아요. 금융인이 되면 참 좋겠다, 잘 하실 수 있을 것 같다는 마음이 들어서 말씀드리는 겁니다. 충분히 생각해보세요. 그리고 기도해 보신 뒤 결정해도 늦지 않아요."

"그런데 전 아무 경험도 없는데요. 금융기관 근처에도 안 가봤어요."

"저도 그랬어요. 누구나 다 그렇게 시작하는 거죠. 그래도 새로운 일을 놓고 기도해 보세요. 고민하신 뒤 얘기를 해주시면 도와드리겠습니다."

크리스천이라는 그에게 기도해 보라는 권면을 해 준 뒤 그렇게 헤어졌다. 나도 모르게 그에게 새로운 직업을 권했지만 분명히 그 만남엔 보이지 않는 뜻이 있다고 믿었기에 책임감이 더욱 커지는 기분이 들었다.

그는 결국 우리 회사로 입사를 결정하는 달에 결혼을 하게 되었다. 어떻게 보면 무모해 보일 수도 있는 길을 걸어보겠다는 그의 진심에 나도 함께 그 길에 동행했다. 나는 가까이에서 혹은 멀리서 매일매일 그와 훈련시간을 가졌다. 그러는 사이 하나님은 그에게 매일 한 사람씩 보내주셨다. 나는 하나님께 그를 금융인으로 세우는 도구로 나를 사용해 달라고 매일 기도했다. 그러는 사이 그는 성실함과 리더에 대한 신뢰로 인해 당당히 FP로서 자기 자리를 확고히 다지게 되었다. 물론 자신의 일에 대한 만족도도 크기에 다행이란 생각이 든다.

그리고 보면 지금까지 만난 여러 고객, 그리고 같은 길을 걷는 이들과의 만남은 기적과도 같았다. 지금까지 나는 몇 번이나 만남을 가졌을까. 모르긴 해도 일반인들보다는 훨씬 많은 만남을 가졌을 것이다. 기본적으로 부모님을 만난 것부터 가까운 친구들과의 만남, 멘토와의 만남, 청년회원들과의 만남, 업무상 만나야 했던 숱한 만남들까지 그 만남 모두를 기억할 수는 없다. 때론 잊혀지기도 하고 잊고 싶은 것도 있지만, 금융인의 길을 10년 넘게 걸으며 내린 결론은 만남은 참 고마운 것이라는 사실이다. 만남이 없었다면 내가 전문 금융인이 될 수도 없었을 것이고 TOT라는 자리에 오르지도 못했을 것이다. 무엇보다 사람을 세우고 싶다는 비전에 가깝게 갈 수도 없었을 것이다.

그러므로 숱한 만남에 감사하다. 만남은 기적이다. 세상의 많은 사람들 중에 특별히 그 사람을 만나게 된 것은 대단한 확률을 뚫어야 가능한 일이며, 그 만남을 통해 사람이 세워지고 물질이 부흥하며 부가 전수되는 않는가.

갈수록 세상은 눈앞의 이익을 좇고 만남에 있어서 이익을 먼저 따지는 일이 잦아진다. 특히 내가 몸담은 분야에서는 그 부분이 더 민감하게 작용한다. 하지만 그러지 않기를 바란다. 만남을 두고 이리저리 따지는 일에 신경을 쓰기보다 만남 자체에 진심을 다했으면 한다. 그러면 그 뒤에 일어날 기적 같은 결과가 선물로 따라올 것이다.

4. 고객을 Choice하라!

한때 사무실에서 책상만 지키고 있던 때가 있었다. 고객도 거의 없어 슬럼프에 빠졌고 스스로 움츠러들었다. 나를 제외한 모든 FP들은 만날 사람이 있지만, 나는 홀로 떨어진 별처럼 책상에 붙박이처럼 앉아 있으려니 여간 우울한 게 아니었다.

금융인의 세계는 냉정하다. FP들의 삶은 각자 고객과 대면하며 성과를 내는 일이기에 상당히 개인적이고 독립적이다. 하루 종일 책상을 지키고 앉아 있는다 해서 누구 한 사람 눈치를 주지 않는다. 나는 그렇게 한 달 정도를 하는 일 없이 앉아 있었다. 그런데 그때 나를 가엽게 여긴 선배 한 사람이 이런 충고를 했다.

"윤선 FP! 갈 데 없어도 나가. 무조건 고객을 만나."

"저도 그러고 싶은 데요, 마땅한 사람이 생각나지 않아요."

"그래도 움직여봐."

사실 나는 뭔가 준비를 하고 나가야 한다는 생각이 강했었다. 이쪽 분야를 너무 모르고 있다는 생각에 정보와 지식을 일발장전한 뒤 멋지게 칼을 휘두르리라 생각도 했던 것 같다. 또 만날 사람 찾는 일이 왠지 부끄럽다는 생각도 들었다. 그런데 그게 아니었다. 선배의 말이 맞았다. 움직여야 했다. 고객은 손에 꼽히지만, 그들의 관리를 더 철저히 해 보기로 했다.

오랜만에 마시는 바깥 공기는 참 상쾌했다. 그날 나는 고객과 만나 그간 있었던 일과 경제 소식을 접하며 알게 된 정보를 전하고, 고객의 재무관리를 살피는 등 그야말로 관리의 시간을 보냈다. 고객은 무척 고마워했고 얼마 되지 않아 선물을 보냈다. 자신의 아는 사람을 소개시켜 준 것이다. 그렇게 차차 소개가 이어졌고, 그 뒤론 책상에만 앉아 있는 시간은 사라졌다.

그때 깨달았던 게 있다. 흔히 뭔가 준비된 상태에서 일을 하려고 하지만, 그것보다 더 중요한 건 실전이란 사실이다. 특히 우리 분야에서는 '일단 만남' 만큼 중요한 것이 없다. 그것이 새로운 고객을 유치하는 것이든 기존 고객을 위한 AS가 되었든 그 과정이 반드시 필요하다.

그 이후 지금까지 단 몇 시간도 나를 위한 시간을 갖지 못했다. 온전히 고객을 만나고 공부하며, 경영을 위한 시간으로 보냈다. 그래서 이 일을 하는 사람들에게도 단호히 말할 수 있다. 고객을 선택하고, 기회를 선택하라고.

FP로서 고객을 만났을 때 어떤 이들은 고객 응대에 지나치게 낮은 자세로 임하곤 한다. 일명 고객은 왕이라는 명제가 지나칠 정도로 강하게 자리 잡힌 나머지 고압적이거나 하대하는 태도에도 무조건 복종하는 모습을 볼 때면 안타깝다. 금융인에 대한 인식이 많이 좋아졌지만, 아직 남아있는 선입견 때문일 수도 있다. 그러나 그 관념은 이 일을 하는 우리 스스로 깨야 하고 바꾸어야 한다고 생각한다.

나는 그들에게 '고객만 우리를 선택하는 것이 아니라 우리도 고객을 선택해야 한다'고 말하고 싶다. 어찌 자기 입맛에 맞는 고객만 있을까마는 그래도 우리 일에 동참할 마음의 준비가 되어 있지 않은 이들은 과감히 포기하는 용기도 필요하다.

어떤 후배 FP는 고객을 만들기 위해 무척 고생하고 있는 이야기를 털어놓았다.

"그 고객은 한 번 만나기가 얼마나 힘든지 몰라요. 약속 잡아놓고 두세 시간 기다리게 하는 건 예사구요, 몇 번에 걸쳐 겨우 만났을 때도 바쁘다고 10분도 내주지 않아요."

"내 생각엔 그 고객이 아직 준비가 안 된 것 같아요. 고객에게 선택받는다고만 생각하지 마세요. 겸손하지만 일에 대해서는 당당한 자세가 필요합니다. 당신도 고객을 선택할 수 있어야 해요. 적어도 고객이 이야기를 받아들일 준비가 되어 있는지 판가름을 잘 하세요."

진심어린 조언이었다. 나도 고객을 선택한다. 이렇게 말하면 교만한 것처럼 보이지만, 그건 일에 대한 자존심이고 일에 대한 사명감을 높이는 방편이기도 하다. 준비 안 된 고객에게 시간을 들이는 일은 그보다 몇 배 준비된 고객들의 시간을 뒤로 미루는 일이 되기도 한다. 물론 그의 인생 목적에 맞게 플랜을 짜고 그 삶을 세우는 일도 보람있지만 그것이 가능하지 않을 경우 다른 이들에게 가게 될 피해가 크기에 효율적인 방법을 선택할 필요가 있다.

나는 고객과의 약속이 잡히면 대부분 1시간 전에는 약속 장소로 향한다. 약속 장소 주변에 서점이 있으면 서점에 들러 그 고객에게 적합한 책을 읽거나 경제동향, 재무동향을 읽을 수 있는 책들을 살펴본다. 서점이 없을 땐 차에 앉아서라도 미리 고객에 대해 알아온 정보를 살펴보며 마인드 컨트롤을 한다. 다행히 고객이 시간을 맞춰오면 감사한 일이지만 사정상 늦을 때도 수용할 수 있다. 내가 다른 이와의 약속에 늦는 것은 참지 못하지만 상대방이 늦는 건 참아줄 수 있다. 그러나 고객과 상담의 문제에 있어서는 좀 달라진다. 고객이 피치 못할 사정으로 어쩔 수 없다면 기다릴 수 있지만, 간혹 골탕을 먹이려 한다거나, 기 싸움을 벌이려는 등 하대하는 모습은 단호히 거절하는 방법을 쓴다.

우리는 당당할 필요가 있다. 고객도 우리 금융인을 선택하지만, 금융인도 고객을 선택할 용기가 필요하다. 매너는 겸손하게, 마음가짐은 당당하게 나서는 것이 금융인의 자산이요, 가치를 높이는 일이다.

5. 리더를 넘어 멀티플라이어가 되라

처음 신앙생활을 시작하고 청년회에 참석했을 때 나는 기독교에 대해 아무것도 모르는 초신자였다. 할머니가 기독교인이어서 기독교라고 체크는 했지만, 부모님을 비롯한 나는 교회 근처에도 가지 않았다. 그러다가 한바탕 밑바닥을 헤집고 난 뒤 청년회 활동을 하게 되었는데, 한 몇 년 열심히 교회를 다녔을까. 하루는 나의 멘토인 배 목사님께서 나더러 리더가 되라고 하셨다.

"목사님, 전 아직 부족해요. 아시겠지만 다른 목원들은 저보다 훨씬 오랫동안 신앙생활을 했는데 저는 고작……."

"신앙생활 몇 년 한 게 그렇게 중요하니? 주님 앞에 시간은 다 소용없다. 제자훈련도 많이 받았고, 영성도 많이 쌓았다고 생각해. 넌 목원들을 잘 인도하면서 올바로 세워줄 것 같다. 그런 능력이 있어."

이런 부분에 있어서는 워낙 밀어붙이는 성격임을 아는 지라 더 이상 거절도 못하고 리더가 되었다. 리더가 되면서 팀의 가장 낮은 자리에서 팀원들을 이끌어주고 상담자 역할을 하는 등 강도 높은 말씀훈련과 제자훈련 교육도 받아야 했다. 처음 목자가 되었을 때가 한창 집안의 가세가 기울고 쓰리잡까지 뛰며 일하던 시기였다. 그럼에도 내게 맡겨진 책임을 다하려 잠자는 시간을 줄였고 리더의 역할을 즐겼다. 다행히 목원들은 나를 인정해 주었고 자신보다 신앙의 연수가 훨씬 짧은 나를 믿어주었다. 그러면서 우리 팀에 있는 목원들도 차차 훈련을 받으며 리더로 세워졌고, 우리 교회는 청년사역으로 단단해지는 젊은 교회로 성장했다.

청년회를 이끄셨던 배 목사님은 나를 리더로 세울 때 하셨던 것처럼 교회 청년들을 리더로 일찌감치 세우시며 훈련받도록 하셨는데, 건강한 리더가 많이 세워질수록 조직이 단단해지고 건강해진다는 것을 아셨다. 실제 목사님은 경영학으로 학부와 석사를 수학하신 뒤 신학을 공부하신 덕분에 조직 경영에 대한 남다른 혜안이 있으셨는데, 그것을 교회에도 접목시켰기에 전 조직원의 리더화를 통해 질적인 성장을 이루어가셨다.

금융인이 되어 최고의 성장 발판을 마련했던 시기를 꼽으라면 이른 시점에 부지점장을 맡게 되었을 때라 할 수 있다. 그 당시 회사에서는 내게 부지점장으로서 팀을 이끄는 매니저 역할을 요구했었다. FP들을 모으고 새롭게 팀을 꾸리는 건 큰 프로젝트를 혼자 짊어지라는 말과도 같았다. 나 혼자만으로도 일이 너무 많고 개인적인 소망도 있었기에 고사했지만 우여곡절 끝에 시간을 두고 기도하게 되었다. 그런데 신기하게도 부지점장을 위해 기도를 하는 순간 만남이 이어졌다. 하루는 수련회 일정 중에 있는 기도회에서 기도를 하고 있었다. 회사의 요구에 대해 어떻게 결정해야 할지 몰라 뜻을 구하며 기도하려는데 옆자리에 앉은 청년의 이름이 나오며 기도가 되었다. 그 친구가 기도를 부탁한 것도 아니었는데 절로 기도가 되다니 신기한 기분이 들었다. 나중에 기도회가 끝나고 이야기를 나누다보니 그 친구는 자신의 진로에 대해 고민하고 있었다. 그 고민을 함께 나누라는 사인일까 하는 생각에 이야기를 나누었고, 결국 그는 우리 팀원이 되어 새로운 삶을 설계하게 되었다.

또 한 명의 청년은 결혼식을 도와주는 과정에서 만났다. 교회 청년회에서 오랫동안 일하다보니 청년들의 결혼 등과 같은 의례 행사도 주관해야 했는데, 그 역시 결혼식을 앞두고 있는 상황이었다. 그는 친구가 리더로 있는 그룹의 목원이었기에 속속 상황을 알고 있지는 않았다. 그 역시 청년회에서 활동하는 나를 알고는 있었지만 교회 내 대부분의 청년들이 그렇듯 내가 금융인이란 사실을 모르고 있었다. 그런데 결혼식을 준비하는 과정에서 몇 번 만나며 남다른 관심이 생겼다.

"그 청년, 우리 목원인데 괜찮은 사람이야. 직장도 좋구. 차분하고 생각이 깊은 친구야."

다른 리더로부터 그에 대한 이야기를 들었고 그 뒤 그의 결혼식 당일이 되었다. 전 과정을 주관하는 가운데 신랑 입장 순서가 되었다. 순서가 되어 뒤에서 지켜보는데 순간 주위가 환해지더니 그 청년의 뒤로 후광이 비추는 게 아닌가.

'이상하다. 조명 때문인가?'

뒤를 돌아봐도 조명은 특별하지 않았다. 그저 바라보는 내 눈앞에 그 청년이 환하게 비춰지고만 있었다. 나는 신기한 체험을 하면서도 기도를 계속 했다. 그리곤 그와 함께 일하면 어떨까 막연한 생각이 들었다. 그러면서도 현재 직장을 잘 다니고 있는 사람인데 말도 안 되는 제안이란 생각에 속으로만 간직하면서 그 가정을 위해 기도했다. 그 청년의 목자인 친구에게도 그 경험을 이야기해주며 기도를 부탁했다.

며칠 뒤 신혼여행을 다녀온 청년을 만났다. 그런데 신혼여행 중 자신의 직장에서 부서이동이 진행되었고, 이동된 부서에 자신의 자리가 없어졌다는 것이었다. 부서이동시 실수로 자리가 사라졌는지, 의도적인 행위였는지 모르지만 어쨌든 그는 신혼여행 중 벌어진 일에 당황했고 상처도 받았다. 상한 마음을 내게 털어놓는데 그제야 나의 기도와 일맥상통한 걸 느낄 수 있었다. 나는 결혼식 날 경험했던 이야기를 털어놓았다. 그리고 직장을 그만둘 생각을 하고 있는 그에게 내가 어떤 일을 하는지에 대해서 말했다. 함께 일해 볼 생각이 있냐고.

"네, 기도해 볼게요."

오래 걸릴 것이라 생각했던 것과 달리 금세 대답이 돌아왔고, 갓 결혼한 아내와 상의한 뒤 신입 FP가 되었다. 더 놀라운 것은 초신자였던 아내가 믿기 어려운 상황을 잘 받아들이며 오히려 긍정적인 고백을 했다는 것이다.

이렇게 매니저를 위해 기도하는 가운데 놀라운 변화와 체험을 통해 사람이 모이기 시작했다. 국내 유수의 기업에서 일하던 고객은 사정상 직업을 전업하게 되었는데 이런 저런 이야기를 나누다가 나와 같은 비전을 꿈꾸고 싶다는 의사를 전해오면서 FP가 되었다. 박수홍 씨의 웨딩회사 재무상담을 하며 만난 고객도 FP로 전업하고, 교회 청년 선배도 일을 배워보고 싶다는 의사를 전해오는 등 그렇게 책임져야 할 사람들이 늘어났다.

그럼에도 '이게 확실한 길입니까. 제가 과연 이들을 도우며 세울 수 있겠습니까'하고 물었다. 그러던 중 SK에 다니던 고객에게서 연락이 왔다. 그는 멀쩡히 좋은 직장을 잘 다니고 있던 고객이었는데, 그날 갑자기 전화를 걸어오더니 우리 일에 대해 묻는 것이다. 그 사람의 인상은 누구보다 좋았지만, 이쪽 분야에 대해서는 생각도 하지 않은 사람이었다. 의외였지만 성심성의껏 우리 일을 설명해 주었고, 혹시 이직을 생각하고 있다면 하나님을 믿는 사람이었으니 기도하고 결정하라는 의사를 전했다. 며칠 뒤 그로부터 연락이 왔고 입사를 해도 되겠냐는 물음에 이젠 정말 팀장으로서 팀을 이끌어야 하는 때가 왔다는 확신을 얻었다. 그가 새롭게 면접을 보고 일을 시작하면서 사람이 더 모이기 시작했고, 그 뜻을 품고 기도하는 와중에 평안함이 임했다. 평안함으로 나는 기도의 응답이 왔음을 알 수 있었다.

그렇게 꾸려진 팀은 나까지 열 명이 되었다. 좋은 점은 팀원이 많다는 사실이고 불리한 점은 나를 제외한 사람들이 대부분 금융에 대해 문외한이었다는 점이다. 그 중 몇은 금융과 관련이 있기는 했어도 일에서 손을 놓은 지 꽤 되었고, 종합자산관리사로 일한 경험이 아니었기에 첫 경험이나 마찬가지였다.

처음엔 좀 막막했다. 내 개인적인 업무를 함과 동시에 팀원들을 교육하고 고객을 함께 관리해주고 때론 만나는 일까지 봐줘야 했다. 하나부터 열까지 알려주고 팀원과 하루 일과의 대부분을 보내기도 하였다. 지금도 스케줄이 바쁜 가운데 살지만 그때 아마 가장 정점을 찍지 않았을까 싶다. 새벽별을 보고 회사에 출근한 후 개인적인 업무를 정리하고 그날 해야 할 일을 목록별로 정리한 뒤 아침 회의를 열었다. 세계증시를 비롯한 국내 경제계의 동향을 살펴보며 경제를 전망하고 가장 이슈가 되는 금융업계를 공부하는 등 회의를 이어갔다. 팀원들이 당장 고객 한 명 만나는 일이 최고의 과업으로 여겨질 것이 분명했지만, 그것보다 더 넓은 시각으로 경제를 바라보는 마인드가 필요했다.

그렇게 회의를 마치면 각자 고객을 만나고 관리할 목록을 체크해 주며 조언을 해 주었다. 만나서 뭘 어떻게 해야 할지 몰랐던 그 기분을 잘 알고 있었기에 경험담과 함께 피할 일, 상담자로서 준비해야 할 것들을 철저히 알려주었다. 그러고 나면 각자 현장에서 뛰는 시간이다. 개인적으로는 나만의 일에 몰두할 수 있으니 가장 편안한 시간이기도 했다.

저녁 6시 퇴근시간이 되면 우리 팀은 다시 사무실로 모였다. 그때부터 본격적으로 개인 과외학습을 시작했다. 한 사람당 1시간

씩만 봐줘도 새벽을 넘기기 일쑤였다.

"팀장님, 이 상품은 수익률이 왜 이렇게 나는 겁니까?"

"고객이 만나겠다고 해놓고 벌써 세 번째 약속을 바꿨는데 어떻게 하죠?"

"고객이 세금 좀 줄여달라고 하는데 저는 세금에 대해 아는 바가 없어요."

처음엔 아주 기본적인 질문이 오가는 초급 과정이었다. 나중에는 입에서 단내가 날 정도로 떠들었고 잘 안 될 것 같은 경우에는 내가 일을 맡아 함께 처리해 주는 방법도 취했다. 오뉴월에도 감기를 달고 살았고 감기약 지으러 병원에 갈 사이도 없이 팀원들과 시간을 보냈다. 한편으론 아홉이나 되는 식구들 굶어죽는 것 아닌가 걱정도 되었다. 회사 내에 우리 팀만 있는 것도 아니고 보이지 않는 경쟁도 있었기에 잘하고 싶은, 아니 잘 해내야 한다는 사명감으로 일했다.

"여러분, 1등은 중요하지 않습니다. 대신 즐겁게 일하며 사람을 만나고, 그 사람의 삶을 질적으로 높이는 파트너가 되겠단 마음으로 일하세요. 모르는 건 잘못이 아니지만 모르는 걸 알면서 공부하지 않는 건 잘못입니다. 공부하고 알려고 노력하세요. 일을 즐기는 건 필요한데, 목표의식이 없으면 안 됩니다. 본인만의 목표가 있었으면 좋겠어요."

사실 아홉 명의 팀원들의 면면을 살펴보면 나보다 연장자가 반 이상이 될 정도였는데, 고맙게도 팀원들은 나를 신뢰해주었고 나의 말을 경청해 주었다. 그 모습이 고마워 더 열의와 성의를 다해 교육하고 도와주었다.

다행인 것은 TOT로서 관리하는 고객이 많았기에 처음엔 거의 나의 실적으로 팀의 실적을 채웠지만 시간이 지날수록 감을 잡아가는 팀원들이 실적을 내기 시작했다. 결과적으로 우리 팀이 운영되는 1년간 한 번도 성과 1위를 놓친 때가 없었다.

"팀장님 덕분이에요. 정말 아무것도 모르는 사람들을 위해 너무 애쓰셨어요."

나는 쑥스러워 고맙다는 말도 못하고 대신 이런 바람을 전했다.

"제가 리더로서 바랐던 것은 우리 팀이 1등을 했으면 좋겠다는 단순한 목표가 아닙니다. 여러분 모두 전문적인 종합자산관리사로 서는 것과 제가 여러분을 세웠듯이 여러분도 앞으로 리더로서 다른 사람들을 세우는 사람이 되는 겁니다. 여러분도 충분히 리더가 될 수 있고 리더로서 가진 사명을 다하세요."

이 말을 들으면 다들 자기 앞가림도 못하는데 무슨 리더냐며 반색했지만, 결과적으로 그들 대부분은 자산관리사로서 뿐 아니라, 중간리더가 되어 후배들을 세우는 좋은 리더가 되고 있다. 그 결과를 지켜보면 한없이 감사하고 뿌듯하다.

물론 리더로서 팀을 끌어가다보면 생각지도 않은 복병을 만나기도 한다. 사람이 부대끼는 과정 속에서 나오는 온갖 감정과 질투, 서운함 등도 있기 마련이다. 그러나 그 과정 역시 사람이 올바로 서기까지 겪어야 하는 고난이란 생각을 하니 나름 지혜가 생겼다.

부지점장으로 일했던 때를 떠올리면 영혼을 불사를 정도로 정말 치열하게 살았던 것 같다. 치열하게 살며 치열하게 사람을 세웠기에 또 다른 훌륭한 사람이 나오고, 또 그가 금융자산전문가로서 활약하고 있으니 이 또한 즐거운 일이라 할 수 있겠다.

리드 와이즈먼의 〈멀티 플라이어〉를 보면 '자신의 실력보다 더 많은 것을 해낼 수 있게 만드는 사람'을 멀티 플라이어라고 부르며 독자들에게도 그런 사람이 될 것을 요구한다. 사람들의 능력을 확장시키는 사람. 재능 자석이 되어 재능 있는 사람들의 도전을 응원해주며, 토론을 통해 답을 찾아갈 수 있도록 토론 주최자가 되어주고, 사람에게 투자할 수 있는 그런 멀티 플라이어의 모습을 엿보며 나는 가슴이 뛰었다. 나는 앞으로 그런 사람이 되고 싶다. 더 나아가 나를 통해 만나게 된 이들 모두 멀티 플라이어가 되어 세상을 밝게 비춰주고 유익을 주는 복된 사람이 되었으면 좋겠다. 멀티 플라이어의 기질을 열망할 때 우리는 그 모습에 한걸음 다가가 있을 거라 생각한다.

6. 어설픈 경력보다 생초짜가 낫다

힐러리 클린턴의 일화 중 공감했던 이야기가 있다. 그녀가 첫 아이 첼시를 낳고 난 뒤의 일이다. 아이가 시도 때도 없이 울자 어머니인 힐러리도 난감했다. 불편한 곳이 어딘지 말을 못하니 아무리 노력해도 울음을 그치지 않는 첼시를 향해 이런 이야기를 했다는 것이다.

"첼시! 너도 처음 아이가 되어 보는 것이고, 나도 처음 어머니가 되는 거라 낯설고 모르는 게 많단다. 그러니 우리 잘 해보자."

한 대학교에서 이런 강의를 했다는 힐러리의 이야기는 '처음'이라는 것을 참 대범하게 받아들이고 있는 한 사람의 인격이 보인다.

누구나 처음일 때가 있다. 생각해보면 태어날 때부터 걷는 방법을 알고 태어나는 아이는 없다. 살아가며 배우고 익히고 실수하며 일어선다. 모든 과정에는 처음이 있고, 그것을 거쳐야 마지막이란 결론에도 다다르고, 열매도 얻는다. 처음을 건너뛰려 하다가는 큰 코 다친다.

신입 FP시절, 초짜 신입사원이란 위치가 정말 부담이었다. 어려서부터 남에게 폐 끼치는 사람이 되지 않는 것이 인생관이었는데, 그리 좋아하지도 원하지도 않은 직업에서 폐까지 끼치게 된다면 정말 못 살 것 같았다. 그런 까닭에 주눅도 들었고 더 열심히 공부해가며 중간이라도 가려 애썼다.

그런데 돌아보니 생초짜가 아니었더라면 그렇게 열심히 살았을까 싶은 생각이 든다. 금융의 '금'도 모르던 내가 금융세계를 공부한다는 것 자체가 주변인들에겐 자극이고 충격이었다. 덕분에 나의 변화된 모습에 영향을 받은 이들이 나와 같은 길을 걷겠다고 하는 것을 보면 신입 치고는 얻은 것도 꽤 된다고 생각한다.

초보였기에 유리한 점도 있었다. 어떤 것에 대해 어설프게 알면 쉽게 상처받기도 하고 실수하기도 쉽다. 그러나 완전히 모른다는 사실을 인정하고 납작 엎드리니 이해해주는 이들도 많았고, 경쟁할 만한 상대도 없어 그저 나 혼자만 열심히 노력하면 될 문제였다. 다만 경쟁 상대가 없었다는 것은 동지가 없다는 외로움이 되기도 했다. 무수한 경쟁이 난무하는 우리 분야에서 괜한 경쟁은 에너지를 소모시킬 확률이 크다. 나는 그 소모적인 경쟁을 하지 않고 나만의 전문 분야를 확립할 수 있었음에 감사하다.

지금도 회사의 공동경영자로서 가장 신경이 쓰이는 부분은 인사(Recruiting)다. FP 한 사람이 수천 명의 고객의 삶의 질을 높일 수도, 낮출 수도 있는 막중한 책임이 있기 때문이다. 일을 하겠다고 찾아오는 이들 중엔 화려한 경력자도 있지만, 초보자도 있다. 그런 이력서를 볼 때마다 타임머신을 타고 과거로 돌아가는 기분이 든다. 조심스레 입사 원서를 넣었으면서도 그들은 면접을 볼 때마다 확인하듯 질문한다.

"저, 제가 이쪽 분야는 하나도 모르는데요, 가능할까요?"

만약 그 사람의 긍정적인 마인드와 가치지향적인 목표가 엿보인다면 마다할 것이 없다.

"할 수 있습니다. 저도 초짜에서 경영인이 됐습니다. 그리고 누구나 다 처음엔 초짜로 시작합니다."

물론 초짜라는 타이틀을 자기 변명거리로 삼아선 안 된다. 초짜 시절이 너무 길어서도 곤란하다는 말이다. 하지만 처음이란 낯설음에 대한 도전의식은 시행착오를 낳을 수 있는 반면, 창의적인 감각으로 새로운 생각이 나올 수도 있다. 이런 점을 즐길 수 있는 사람은 초짜가 주는 긍정적인 면을 잘 살릴 수 있을 것이다. 경험 없이 덤비는 것은 위험하기도 하지만 새로움과 무한한 가능성에 도전하는 것이기도 하다. 이런 사람들을 많이 발견하는 것이 내가 소원하는 것이다. 가능성 있는 사람을 많이 만나고 싶다.

7. 고객을 위해 두뇌의 구조를 바꿔라

"성과를 높이는 비결이 뭐에요?"

종합자산관리사로 유명세를 타기 시작하면서 여기저기서 비결을 묻곤 한다. 그 질문을 들여다보면 어떤 고객에게 어떤 상품을 어떻게 얼마나 판매하는지, 그 수위조절은 어떻게 하는지 알고 싶어 하는 것 같다. 아주 현실적인 답을 원하고 있는지도 모른다. 그런데 내 대답은 가려운 데를 시원하게 긁어주는 대답은 아니다.

"무엇을 팔까, 어떻게 팔까 생각하는 게 아니라, 고객에게 필요한 게 뭘까 먼저 고민한다."

교과서적인 대답이라고 비난해도 어쩔 수 없다. 실제 10여 년 넘게 같은 마인드로 일하고 있기 때문이다. 아무도 내가 TOT가 될 거라 예상하지 않던 때부터 난 고객과의 만남을 즐기며 소위 재무설계라는 걸 했다.

영업하는 사람이라면 '누구에게 팔 것인가', '무엇을 어떻게 얼마나 팔 것인가'를 기본적으로 생각하기 마련이다. 사장이 '어떻게 하면 회사에 이익을 더 많이 남길 수 있을까' 고민하는 것처럼 영업 마인드는 기본적으로 많이 파는 것에 있다.

그런데 나는 그것과 좀 동떨어졌던 것 같다. 보험 판매원에 대한 트라우마가 있기에 판다는 것을 도외시했을 수도 있다.

'과연 저 고객이 무엇을 원할까? 저 고객이 잘 되기 위해 무엇이 필요할까?'

예를 들어 30대 외벌이 가장에게 다달이 잉여자금을 어떻게 운용할 것인지 상담을 할 때, 잉여자금 중 수익률도 좋고 판매 실적에 도움이 되는 상품을 권할 수도 있다. 하지만 그것보다 외벌이 가장에 아이까지 있다면, 그 가정에서 가장이 차지하는 위치를 고려해 사망보험금이 최소 생활비 이상으로 나올 수 있는 보험이 필요했다. 그래서 잉여자금 중 일부는 종신보험을 권하고, 나머지는 그 가장이 원하는 가족의 미래를 도와줄 곳에 투자하는 식으로 접근해서 들어갔다.

"최윤선 FP는 두뇌 구조가 좀 이상한 것 같아."

한번은 동료로부터 두뇌 구조 지적까지 들은 적도 있다. 그것이 조롱이었는지 칭찬이었는지 정확히 알 수 없으나, 내가 두뇌 구조를 바꾸지 않은 걸 보면 아마 칭찬과 인정으로 받아들인 것 같다.

오히려 그런 두뇌를 갖게 된 것을 감사하게 생각하고 다행이라 여긴다. 고객과 만나기 전에는 그가 뭘 필요로 할지 생각하고, 만났을 때에는 실제로 원하는 삶이 무엇인지 생각하고, 만난 후에는 그에게 정말로 필요한 것이 무엇이고 지금 권하는 것이 최선의 방법인지 끊임없이 묻는 과정이 필요하다.

성경에 보면 부활하신 예수님이 베드로와 만나는 장면이 나온다. 당시 베드로는 많이 좌절한 상태였다. 예수님의 공생애 기간에 뒤를 좇으며 수제자로서 열심을 다해 살았는데 예수님의 고난 앞에 무너져 그를 부인하는 죄를 범하고 말았다. 그렇게 구주를 잃은 뒤였으니 그의 마음이 얼마나 절망적이었을지 짐작이 간다.

그 실패감을 안고 본업인 어부로 복귀하려고 할 때 부활하신 예수님이 찾아왔으니 얼마나 놀랐을까. 그때 예수님은 베드로에게 묻는다.

"네가 나를 사랑하느냐?"

"네, 예수님. 제가 당신을 사랑합니다."

그때 예수님은 또 한 번 베드로에게 묻는다.

"네가 나를 사랑하느냐?"

"예수님이 더 잘 아십니다."

그러자 예수님이 다시 묻는다.

"베드로야. 네가 진정 나를 사랑하느냐?"

그러자 베드로의 마음이 괴로웠다. 성경엔 단 한 줄로 표현되어 있지만, 그 속엔 베드로가 인간적으로 느낀 좌절감과 실패의식, 죄스러움과 혼란 등이 섞인 갈등이 있었을 것이다.

'과연 내가 정말 예수님을 사랑한 걸까? 혹시 내가 나 좋자고 사랑한다는 말을 하는 건 아닐까. 예수님은 내가 당신을 부인한 걸 질책하시려는 것일까?'

예수님의 세 번의 질문은 베드로로 하여금 진심으로 예수님을 사랑하는지 돌아보게 하고 확신하게 하는 질문이었다고 생각한다.

똑같은 질문을 연달아 하게 될 때 깊이 생각하게 되어 있다. 예를 들어 고객에게 필요하다고 생각한 상품을 권하고 난 뒤 나는 내게 질문한다.

'과연 그 상품이 고객에게 필요한 것이었을까?'

'정말로 그 상품이 그 가정에 필요할까?'

'그 상품이 고객의 재무적인 목표를 채우는 데 도움이 되었을까?'

계속적으로 질문에 답을 하다보면 어떤 때는 더 나은 방법이 있을 것 같아 찾게 되기도 하고, 어떤 때는 그럼에도 최선의 선택이었다는 확신이 든다. 그렇게 조정을 해 나가다보면 서로가 만족하는 결과를 얻게 되는 것 같다.

이제는 고객에게 팔기만 하는 시대는 지났다. 고객의 만족을 위해 무엇이 필요한지 진심을 다해 생각하고 그 생각을 나누는 시대다. 그렇게 되려면 머릿속의 구조가 바뀌어야 한다. 생각지도가 바뀌어야 한다.

'이게 정말 고객을 위한 길인가?'

금융인의 삶을 끝까지 다하는 동안 나는 이 질문을 끊임없이 하며 살아가려고 한다.

8. 내 인생의 발목, 공황장애

내겐 숨기고 싶은, 그러나 숨길 수 없는 치명적인 병 하나가 있다. 갑자기 밀폐된 공간에 들어가면 숨을 쉴 수 없을 것 같은 답답함을 느끼기도 하고, 불현듯 다가오는 공포심에 온몸에 힘이 쭉 빠지면서 식은땀이 흐를 때도 있다. 또한 간헐적인 두통과 함께 주기적으로 찾아오는 편두통은 심한 고통을 초래한다. 이 모든 증상을 한마디로 정의하면 '공황장애'다. 나는 공황장애를 앓고 있는 중이다. 한 유명 연예인이 이 장애로 인해 고통 받고 있다는 사실이 매체를 통해 알려지면서 꽤 많은 이들이 공황장애를 앓고 있다는 것이 밝혀지기도 했다.

처음엔 나도 공황장애란 사실을 모르고 그저 스트레스성인 줄로만 알았다가 신경정신과 진료를 받고 정확한 진단을 받았다. 잘 지내다가 갑자기 불안 증세와 답답함이 물밀 듯이 밀려올 때의 두려움은 참 괴롭다. 이런 증세의 전조증상은 보통 두통과 함께 시작되는데, 그럴 때면 가슴 한 쪽이 함께 아파온다. 공황장애의 원인은 수도 없이 많은데, 크게 충격을 받은 일이 있을 때 증세가 생기는 경우가 많다고 한다. 내 경우가 여기 속한다.

1년 전 쯤의 일이었다. 회사는 점차 안정을 찾아갔고 직원들 간에도 유대관계가 잘 형성되는 등 정상 궤도에 올라섰다. 그런데 어느 날부터인가 직원 한 사람에게 이상한 느낌이 감지됐다. 그는 동료이면서 개인적으로도 친분이 있었기에 관심을 두고 아꼈는데, 언제부터인가 나를 피하고 동료들과 어울리는 것을 피하는 등 평소 같지 않은 모습을 자주 보였다. 뭔가 변화가 생긴 것이 분명했다. 그 변화는 그가 정의롭지 못한 일을 하고 있는 것에서 나온 변화였다. 그 사실을 직감한 후 그와 만나 이야기를 나누었다. 역시 예상대로 누구나 인정할 수밖에 없는 잘못된 행동을 하고 있었고 안타까웠던 나는 내 선에서 돌이키려고 노력했다.

하지만 거짓말은 거짓말을 낳았고 그것은 회사에까지 부정적 영향을 끼칠 지경에 이르렀다. 수차례 만나 설득했지만 돌아서지 않자 우리는 결단했다. 바울 선지자가 죄를 짓는 자에게 먼저 충고를 하고 수차례 충고하고도 돌이키지 않거든 교회에서 내치라고 권면했듯이, 회사 차원에서도 그를 내치는 것이 서로를 위해 좋은 방법이란 결론에 이르렀고 그렇게 행동했다.

가슴은 아팠지만 누룩이 온몸에 퍼지는 것을 방지하는 차원에서 결단을 내린 것이고, 그 직원의 입장에서도 이쯤해서 입장을 정리하는 것이 나은 일이었음에도 나에 대한 공격이 시작되었다.

'이 시험을 어떻게 견뎌야 할까요. 묵묵히 기다려야겠지요?'

나는 아끼던 사람에게서 받은 상처 때문에 점점 불안했고 두려웠다. 그러더니 어느 날 온 몸에 식은땀이 흐르고 불안함에 한시도 잠들 수 없는 공황장애 중상이 심하게 나타나기 시작했다. 믿었던 사람과 등을 지게 된다는 사실만으로 괴로웠다.

신경정신과를 찾았다. 의사는 정확히 공황장애라는 진단을 내렸고, 그때부터 진료와 상담을 이어갔다.

"지금 자신을 가장 괴롭히고 두렵게 만드는 게 뭐에요?"

"제가 믿었던 사람에게 배신당한 마음이에요."

의사는 나의 살아온 과정, 내가 생각하는 것, 인간관계 등 다양한 이야기를 나누었고 얼마간의 상담이 마무리될 때 이런 말을 전했다.

"제가 볼 때 최윤선 씨는 너무 이타적인 삶을 살아서 공황장애 중세가 온 것 같아요. 사람이 너무 타인중심적인 삶을 사는 것도 정신적인 스트레스가 올 수 있거든요. 지금 겪고 있는 어려움도 자신의 아픔 보다 상대방에 대한 입장에서 생각하고 있잖아요."

나의 병명은 공황장애, 병의 원인은 '이타중심적인 사고' 로 잠정 결론지어졌다. 그 말을 듣고 나오는데 기분이 씁쓸했다. 인생이란 숙제를 아주 열심히 했는데 선생님은 '이거 문제를 잘못 이해한 것 같은데?'라고 김빠지는 대답을 들은 기분이랄까.

그렇게 공황장애는 언제 끝날지 모를, 언제 사라질지 모를 그림자가 되었다. 물론 이 증상에 대해서도 난 나답게 긍정적으로 받아들였다. 그럼에도 언제 밀려올지 모를 증상에 대한 두려움은 한

편에 숨어있지만 말이다.

우리는 평상시대로 회사를 경영해야만 했다. 나도 직원들도 고객들도 예전과 다를 바 없이 일상으로 돌아갈 즈음, 한 사람과 만나게 되었다. 그분은 자산관리 고객인 한 CEO의 비서로 계신 분이었는데 회장님 자산관리 문제로 여러 번 만나면서 가까워지게 되었다.

그날도 그분과 식사를 하면서 이런 저런 이야기를 나누다가 우연히 그분도 신앙인인 것을 알게 되었고, 신앙에 대한 이야기도 오랫동안 나누게 되었다. 그분은 심리적으로 힘든 일을 겪고 계셨는데 이야기를 나누던 중 회복이 되었다. 그리 친한 사이도 아니었고 개인적인 마음을 나눌 사이도 아니었는데 그날은 이상하게 서로의 속내를 털어놓게 되었다.

"제가 부사장님 덕에 회복이 됐습니다."

"제가 오히려 더 감사해요. 저도 요즘 그리 좋은 일만 있는 게 아니었거든요."

우리는 서로에게 축복을 빌며 헤어졌다.

세월이 흘러 최근 우연한 기회에 연락이 닿아 다시 만나게 되었다. 그분은 안타깝게도 눈의 질환으로 위기에 처한 상태였는데 딱히 위로할 말이 생각나지 않았다. 녹내장이 호전되지 않아 어렵다는 상황을 담담하게 전하는데도, 눈빛에는 두려움 같은 것은 보이지 않았다. 이미 두렵고 절망스러운 상황을 초월한 듯한 그분의 평안함이 한편으론 위안이 되었다.

"처음 녹내장이란 진단을 받았을 때 3일간은 식음을 전폐하게 되더라구요. 실은 제가 예전에 주변에서 녹내장을 앓다가 실명한 사람을 알고 있었거든요. 그러니 더 두렵더라구요. 왜 나한테 이런 일이 생길까, 눈이 안 보이면 세상은 어떻게 살아야 하나, 이 모든 상황이 두렵고 무섭고 화나고 분노하게 됐어요. 먹지도 마시지도 못하고 거의 폐인처럼 지내다가 딱 3일이 지난 뒤부터는 기도가 나오더라구요."

그렇게 이어진 그분의 고백을 들으며 함께 기도하고 하나님의 말씀을 나누게 되었다. 신명기 8장 11절-20절의 말씀이었다.

'내가 오늘날 네게 명하는 여호와의 명령과 법도와 규례를 지키지 아니하고 네 하나님 여호와를 잊어버리게 되지 않도록 삼갈지어다. 제가 먹어서 배불리고 아름다운 집을 짓고 거하게 되며 또 네 우양이 번성하며 네 은금이 증식되며 네 소유가 다 풍부하게 될 때에 두렵건대 네 마음이 교만하여 네 하나님 여호와를 잊어버릴까 하노라. 여호와는 너를 애굽 땅 종 되었던 집에서 이끌어 내시고 너를 인도하여 그 광대하고 위험한 광야 곧 불뱀과 전갈이 있고 물이 없는 건조한 땅을 지나게 하셨으며 또 너를 위하여 물을 굳은 반석에서 내셨으며 네 열조도 알지 못하던 만나를 광야에서 네게

먹이셨나니 이는 다 너를 낮추시며 너를 시험하사 마침내 네게 복을 주려 하심이었느니라. 또 두렵건대 네가 마음에 이르기를 내 능과 내 손의 힘으로 내가 이 재물을 얻었다 할까 하노라. 네 하나님 여호와를 기억하라. 그가 제게 재물 얻을 능을 주셨음이라. 이같이 하심은 네 열조에게 맹세하신 언약을 오늘과 같이 이루려 하심이니라. 네가 만일 네 하나님 여호와를 잊어버리고 다른 신들을 좇아 그들을 섬기며 그들에게 절하면 내가 너희에게 증거하노니 너희가 정녕히 멸망할 것이라. 여호와께서 너희의 앞에서 멸망시키신 민족들같이 너희도 멸망하리니 이는 너희가 너희 하나님 여호와의 소리를 청종치 아니함이니라.'

이 말씀을 통해 그분은 하나님께서 자신에게 주시는 이 고난의 의미를 깨달았다고 했다. 하나님께서 자신을 돌아오게 하시려고, 당신을 잊어 교만해지려는 것을 막기 위해 쉼을 주시는 것이라는 생각이 들었다고 했다.

"분명히 지금 아픈 데에는 하나님께서 내게 원하시는 뜻이 있기 때문일 거예요. 전 이 말씀을 묵상하면서 큰 위로를 받고 있습니다. 그래서 하나님 외에 다른 일을 줄이고 있습니다."

그 어느 때보다 평안한 그분의 표정을 보는데 나 또한 위로가 되었다. 공황장애라는 어려운 질병을 안고 살아가는 나, 그것이 사람에게서 받은 상처로 인한 증상이라 흔들릴 수 있는 상황이었는데 이렇게 사람을 통해 내 마음을 붙잡아주시는 주님께 감사가 나왔다. 그날 그분을 위해 간절히 기도해 드리고 헤어지는데 나를 사랑하고 아껴주는 한 선배가 내게 한 말이 떠올랐다.

"윤선아, 지금은 좀 쉬라는 하나님의 사인이야."

그 말이 맞는지도 몰랐다. 그분은 눈이 안 보이고 나는 호흡이 안 된다. 주님은 이런 육체적 고난을 통해 잠시 쉬어 당신을 다시 기억하게 하시려는 것인지 모른다. 모든 것을 있게 하신 주님을 먼저 기억하고 사람으로 인해 상처받지 말라는 위안을 주시는 것이다.

사실 사람으로 인한 상처로 힘들었고, 육체적으로 간간히 다가오는 공황장애의 고통으로 힘들었지만 이젠 조용히 고백할 수 있다.

'지금까지 광야에서 이끌어 주신 주님, 아무것도 없는 것에서 풍족한 것으로 채워 주신 주님, 잊지 않겠습니다. 늘 기억하며 살겠습니다. 현재 당하고 있는 육체의 가시에도 감사하며 이것이 영광의 상처이자 주님을 기억하고 겸손하게 낮아지는 상처로 삼겠습니다.'

나는 오늘도 더 낮아지고 싶다. 그래서 더 이타적인 삶을 통해 내가 경험한 그분의 사랑을 조금이나마 흉내 내고 싶다. 그래서 약함을 자랑하던 바울과 같은 심정이 될 수 있기를 바란다.

9. 'Why'를 묻는 사람이 되라

한번은 한 고객과 상담을 하게 되었다. 한 달 수입이 수천만 원에 이르는 고객이었는데, 첫 상담을 마치고 난 뒤 그가 소득에 비해 저축 여력이 너무 적음을 알게 되어 물었다.

"혹시 기부나 후원 활동을 하고 계시나요?"

"네. 많이 하고 있습니다."

그는 예상외로 많은 후원을 하고 있었고 그것이 저축 여력의 감소로 이어져 있었다. 물론 후원이 나쁘다는 것은 절대 아니지만, 후원으로 인해 개인 저축이 하나도 없을 정도로 대책이 없는 건 위험한 일이다. 재무상담을 하는 입장에서 볼 때 인생의 대비는 반드시 필요하기 때문이다. 실제로 상담사례 중 대책을 마련하지 않은 가장으로 인해 고통 받는 가족들의 안타까운 상황을 보며 마음 아팠던 적이 많다. 어떤 이는 '가난 = 경건'이라 생각한 나머지 수입의 대부분을 기부와 후원을 함으로써 자신의 거룩함을 드러내기도 한다. 하지만 그것보다는 하나님이 주신 부를 잘 지키고 써야 할 부분에 쓰일 수 있도록 관리하는 것도 중요하다. 또한 부가 이어지도록 잘 관리할 책임은 본인에게도 있지만, 재무관리를 하는 우리들에게도 있다. 나는 단도직입적으로 물었다.

"고객님, 그런데 후원은 왜 하고 계세요?"

"그냥 돕고 싶으니까요."

"무슨 특별한 계기가 있으신 건가요, 아니면 어떤 특별한 후원 계획을 세우고 하시나요?"

"그런 건 없어요."

"그래도 계획적으로 후원하는 게 좋지 않을까요? 그렇다고 안 하게 되는 것도 아닌데요."

그 고객은 결국 자신이 어떤 삶을 원하는지, 그 삶을 이루기 위해 어떤 부분의 조정이 필요한지 스스로 깨닫게 되었다. 그렇게 상담을 마치고 나가는데 그분이 한 마디를 건넸다.

"부사장님, 오늘 특별한 만남이었습니다. 지금까지 재무상담을 해보긴 했는데 부사장님처럼 생각할 만한 질문을 한 분은 거의 없었던 것 같습니다."

우리는 금융자산관리사라는 이름으로 일한다. 직업명으로 보면 고객의 자산을 관리해주고 잘 지켜질 수 있도록 하면 기본적인 의무는 끝난다. 그러나 그 이면에 있는 직업적 가치를 생각했으면 좋겠다.

내가 후배들에게 조언하는 것 중 하나는 'why'를 묻는 사람이 되어야 한다는 것이다. 그 '왜'라는 질문에서 삶의 가치를 되돌아볼 수 있고, 인생의 가치와 목표를 이끌어낼 수 있어서다.

고객의 재무를 관리하는 사람은 건강한 마인드를 갖추고 있어야 한다. 또 올바른 판단력이 필요하다. 그러나 가장 중요한 것은 고객을 향해 '네!' 하기보다 '왜?'를 질문할 수 있어야 한다. 그래야 고객도 생각을 하고, 관리자도 고객의 생각을 이해할 수 있기 때문이다. 재무상담은 책임감의 영역이다. 고객의 생각을 이해하고 올바른 방향을 향해 함께 나아갈 책임을 다해야 한다.

오늘도 난 후배나 직원들이 조언을 구할 때 한마디로 말해주고 싶다. '왜'를 질문하는 관리자, 책임감을 갖는 관리자가 먼저 되어야 한다고.

10. 청지기의 삶

'돈을 버는 건 기술이지만 돈을 쓰는 건 예술이다'라는 말이 있다. 돈 버는 것보다 잘 쓰는 것이 더 중요하다는 사실을 먼저 깨달은 옛사람들의 지혜다. 돈을 다루고 관리하는 일을 하다 보니 그 말의 참 의미가 더욱 가슴에 와 닿는다. 관리하는 고객들 중에 상상을 넘어서는 자산가들이 있다. 그들을 만나는 일도 어려울 뿐 아니라 고객이 되는 건 더 어려운 일이지만, 고맙게도 소개를 통해 인연을 맺게 되면 그들의 돈 버는 기술보다 돈 쓰는 예술을 곁에서 지켜보게 된다.

그들은 음식점에서 식사를 하고 남은 음식은 대부분 포장해서 집에서 먹을 수 있도록 하고, 명품이지만 몇 번이나 수선하여 손때가 묻은 고품격의 물건을 애용한다. 사회의 필요한 부분을 도울 때는 예상을 뛰어넘는 규모의 후원을 하는 그들의 소비력에서 돈을 관리하는 지혜를 엿보게 된다. 나 또한 품격있는 소비와 나눔을 실천하고 싶다는 의지를 매일 다지게 된다.

이 일을 시작하면서 나는 선한 청지기로서 삶의 원칙을 지키기 위해 애쓴다. 청지기는 주인의 재산을 지키고 관리하는 사람에 불과하지만, 인격이 성숙되어야 한다. 그렇지 않고서는 불의한 청지기가 될 수도 있다.

금융인에 발을 내디디면서 물질의 주인이 되시는 분의 선한 청지기로서의 삶을 그렸다. 내게 허락하신 인성 중 친화력과 경청하는 달란트를 최대한 살려 나와 만나는 고객이 세상을 가치 있게 변화시키는 데 일조할 수 있기를 바랐다. 그것을 가능하게 하는 수단으로 종합자산관리사라는 직업을 사용하셨으니 평생토록 그 사명감을 잘 지켜나가기 위해 기도하고 싶다.

"부사장님, 00 고객님 관리내용에 관한 파일입니다. 최근 금융상품 수익률이 이 정도가 됐구요. 지난 번 뵈었을 때 아드님 결혼계획이 잡히셨다고 하더라구요."

이런 보고를 받고 근거자료를 훑어보다 보면 고객과 만나고 싶어지는 마음이 생긴다. 자료만 보면 그다지 큰 문제는 없어 보이지만, 그래도 미세한 변화가 감지될 때가 있다. 생각지 않은 재무이벤트 관련 이야기를 듣게 되면 그게 바로 만날 시점이다.

"다음번 미팅 땐 제가 나갈게요. 직접 뵙겠다고 말씀드리세요."

이렇게 약속을 잡고 고객들과 만나면 나의 예상은 거의 맞았다. 생각지도 않은 문제가 생겨 고민하고 있기도 하고, 세금 문제가 슬슬 불거져 나오는 시점이기도 하는 등 상담할 내용들이 수면 위로 떠올랐다. 단 한 번의 만남으로 모든 문제가 해결될 수는 없지만, 그 문제를 함께 나눴다는 것만으로 신뢰를 쌓고, 나를 비롯한 FP들의 지혜를 모아 최상의 방법을 선택하는 등 고객 자산의 청지기 역할을 할 수 있어서 감사하게 생각한다.

이러한 감각의 발달은 아마도 시간과 경험, 그리고 중보기도의 힘이 아닐까 싶다. 우리는 자산관리를 함에 있어 FF 용지라는 걸 미리 작성한다. 고객이 직접 자신의 재무 현황을 작성하는 것인데 보험과 금융상품, 자산과 부채 등 자신의 재무상태를 대략적으로 적어내는데 그것만 봐도 어느 정도 그 사람에 대한 감을 잡게 된다.

'이 고객은 20대 직장인인데 사이즈가 큰 생명보험을 들은 걸 보면 부모님께서 경제적 여력이 있으시구나. 그리고 이 사람의 투자 성향은 좀 공격적이고…….'

고객이 어떤 생각과 성향을 지닌 사람인지 파악하는 걸 보면서 후배직원들은 그런 감각을 부러워한다. 그러나 이것은 많은 시간 이 분야에 대해 몰입하고, 관심을 갖고 있었기에 만들어진 또 하나의 감각이란 생각이 든다. 이것은 능력이 아닌 노력의 결과다. 노력하지 않으면 다시 사라질 수 있다. 그래서 지금도 나는 그 청지기의 본분을 잘 지켜나가려고 노력한다. 나는 기업을 이어가도록 돕고 싶다. 보통 돈이 많은 것을 부(富)라고 생각하지만, 선한 청지기의 본분을 다할 때 부의 연속성을 유지하며 정신적인 풍요까지 미래에 전달할 수 있으리라 생각한다.

더불어 후배 FP들의 입지를 높이는 일을 통해 선한 인도자가 되려는 노력도 아끼고 싶지 않다. 새로운 회사를 세우고 경영을 공동으로 맡으면서 공동체로서 운명을 같이 해야 할 사람들이 많아졌다. 그들 각자가 필요한 것은 FP로서의 가치관, 직업관이기도 하지만 조금 더 빨리, 조금 더 많이 경험한 직속 선배로서 선한 일꾼이 되는 길잡이가 되고 싶다.

진정한 부란 부유함이 이어지도록 하면서 나누는 것이 아닐까. 하나님도 기업을 이으라는 명령과 함께 부의 연속성을 중요하게 여겼다. 하나님은 점점 풍성함을 이루는 부를 원하셨다. 그런데 부가 풍성해지는 것은 꼭 쥐고 안 쓰는 것이 아니다. 최고의 자산가들이 대부분 실천하는 예술 같은 씀씀이, 미래에 대한 대비, 계획적인 나눔에서 부가 더욱 풍요로워진다.

앞으로도 나는 기꺼이 선한 청지지가 되길 기도한다. 지극히 개인적으로는 내 삶에서 고객들의 삶, 더 나아가 이 사회가 유익하고 풍성한 부를 이어가기 위해 선한 청지기가 될 수 있도록 돕는 사람, 그 돕는 동역자가 되길 기도한다. 그래서 훗날, 이 세상의 소풍을 끝내고 그분 앞에 섰을 때 뭔가 세상에 유익한 일에 동참하고 왔음을 자랑할 수 있는, 그런 자랑거리가 있다면 참 좋겠다.

11. 금융계의 돈키호테를 꿈꿔라

"부사장님, 저 상품 이제 빼고 싶어요. 아… 저도 기다려야 한다는 거 알고 있는데요, 제 재무재표에서 마이너스 수익이 나는 걸 못 보겠어요."

"그래도 지금 그만두는 건 아깝지 않으세요? 제가 관리할 때마다 말씀드렸듯이 상품의 수익률은 기저가 있기 마련이에요. 보통 금융업계에서 3년을 주기로 봅니다. 이제 몇 개월밖에 되지 않았는데 마이너스 나는 건 당연해요. 좀 기다려 보시죠."

"그래도 안 되겠어요. 부사장님 때문이 아니라는 건 알고 있고 잘못이 아니라는 것도 아는 데요, 그냥 제가 못 견디겠어요."

솔직히 이런 대화를 하게 될 때는 서운한 마음이 든다. 고객을 위해 고객의 입장에서 전문가로서 제안한 내용이고 기다림이 필요한데 견뎌내지 못할 때면 혹시 내가 뭔가 고지를 잘못한 건 아닌지, 세계경제계 금융 분석을 제대로 알려드리지 못한 건 아닌지, 그것도 아니면 왜 기다려주지 못하는 건지 안타까움이 들 때도 있다.

이렇듯 어쩔 수 없는 일들로 서운함이 들 때엔 지치는 순간이 온다. 특히 회사의 경영에 참여하면서 직원들을 관리하는 입장에서 삐걱대는 일이 생기면 또 지친다. 게다가 공황장애란 복병을 만나며 상처도 겪고 그 속에서 치유도 경험하던 때에는 잠깐 손에서 일을 놓고 쉬면 어떨까 생각하던 때도 있었다. 그런데 그런 마음을 품은 지 며칠 지나지 않아 내 진심을 알아버렸다. 그날 아침 교육 시간에 킹덤 어드바이저인 론블러의 강의를 듣고 나서였다.

"만약 오늘 제 아들이 저를 찾아와 '아버지 제가 사망보험금으로 2억 정도를 준비했는데 그 정도면 괜찮은 금액이지요?'라고 묻는다면 저는 이렇게 조언해줄 것입니다. 그 아들이 만약 없을 경우 아내인 며느리와 두 아이를 교육하고 양육하기 위해 2억은 너무 적은 금액이라구요. 물론 제가 아들을 위해 직접 나서진 않겠지만 대신 좋은 사람을 보낼 것입니다. '아들아 오늘 네 재무설계를 위해 도움을 줄 사람이 찾아갈 거다. 그와 잘 상의하고 네 상황에 가장 적합한 알맞은 설계를 구상하길 바란다.' 라고 조언을 해 줄 겁니다. 아마 재무를 담당하는 이들이라면 자신의 아들에게 이런 조언을 해주지 않았을까요? 그것이 그들의 삶에 필요하다는 것을 경험으로 알고 있으니 더 나은 설계를 위한 조언을 즉각적으로 해 줄 수 있어야죠."

사실 그날 들은 강의는 특별할 것도 없는, 무척 당연한 내용들이었다. 그럼에도 그날 가슴을 치는 무언가가 있었다. 왜 그랬을까. 가만 생각하다 보니 내 마음의 변화 때문이란 사실을 알게 되었다. 지친 심신을 쉬고 싶은 한쪽 마음과는 달리 다른 한쪽에서는 일에 대한 열정이 계속 생겨나고 있는 자신을 발견하게 된 것이다. 게다가 70세가 넘은 연세임에도 종합자산관리사로서 당당히 일할 뿐 아니라, 오랜 경륜까지 더한 삶의 지혜와 신앙적 가치관까지 전하며 노익장을 과시하는 그 금융인에 대한 존경심과 함께 거룩한 질투 같은 것도 동반하고 있었나 보다. 킹덤 강의를 통역하던 사장님과 그런 이야기를 주고받았다.

"왜 저렇게 당연한 얘기가 당연하지 않게 들리죠?"

"그렇지? 전하는 사람의 영향력 아니겠어? 내가 보기에 부사장도 저런 영향력이 있는 사람이 될 수 있어. 충분히 가치가 있지."

격려에서 던진 말이 고맙고도 위안이 되었다. 어떤 사람은 아무 말도 하지 않고 다른 이들의 말만 들어주고 있는데도 그의 존재감이 온 관중을 감싼다. 또 어떤 사람은 목에 핏대를 세우고 열변을 토해도 좀처럼 설득되지 않기도 한다. 누가 생각해도 전자의 말, 곧 삶을 품은 언어가 참 매력 있다.

그날 다시 소망이 생겼다. 내가 선택한 금융이란 분야에서 묵묵히 영향력을 전달해 줄 수 있는 사람으로 서고 싶었다. 또 하나, 나를 자극했던 많은 외국의 전문 금융인처럼, 6-70대 아니 90세가 넘도록 현장에서 고객을 만나 활동하는 사람이 되고 싶다는 소망이 생겼다. 생명이 허락하는 한 말이다.

그러기 위해서는 우리 사회에서 재정관리에 대한 인식과 제도가 더 튼튼한 구조로 세워져야 하고, 여러 경제정책과 제도가 정비되어야 하며, 수천 개도 넘는 금융상품의 다양하지만 보편적인 정립과 함께 올바른 가치관이 확립된 전문 금융인들이 양성되어야 한다는 과제가 있다.

우선 우리 금융계의 자각이 필요하다. 얼마 전 신문 기사에 이런 내용이 실렸다. 시중 은행들이 투자자의 투자 성향보다 위험도가 높은 금융 투자 상품을 한해 9조원 가까이 판매한 것으로 나타나 정부의 집중 단속이 있었다는 내용이었다. 내용을 보면 현재 은행들은 고객이 투자 성향이나 상황과는 상관없이 주력상품을 추천할 때가 많아 보인다. 실제 여러 금융권에서 비일비재한 일이기도 하다. 자신의 회사에 유리한 상품을 판매하는 것은 어떻게 보면 이익집단에서 당연한 일이기도 하겠지만, 고객의 자산을 관리하는 넓은 의미로 볼 땐 고쳐져야 할 점이다. 물론 이제 인식이 많이 새로워져 다양함을 추구하는 종합관리사가 생겨나고 있지만, 우리가 좀더 고객에게 맞는 구조를 이야기해야 한다.

근래에 만났던 고객들도 첫 만남부터 갖고 있는 상품들을 늘어놓은 다음, 더 좋은 것으로 바꿔달라고 먼저 이야기했다. 그러나 고객의 대다수에게 했던 대답은 갖고 있는 상품을 활용해서 좀더 안정감 있게 재정을 다룬 후에 저축여력을 늘리며 목적자금을 만들어내는 일을 강조하곤 한다.

고객들의 인식도 변화되어야 한다. 요즘처럼 인터넷이 전 국민에게 보급화된 때에 인터넷은 재무설계의 필요악이기도 하다. FP가 어떤 상품이 필요하다고 생각되어 권하게 되면 인터넷 조회가 바로 이루어진다. 그런데 인터넷 상에는 불완전한 정보가 많다. 어떤 입장에서 그 글을 썼느냐는 굉장히 중요하다. 가령 A라는 회사에 소속된 금융인이 그 글을 썼는데, 그 회사가 보험상품을 판매하는 회사라면 증권상품에 대해 호의적으로 표현하지 않을 가능성이 크다. 이런 불완전한 관계가 글 속에서 드러나기에 인터넷 조회는 100% 믿을 게 아니라 오히려 신뢰하는 금융인을 찾고 신뢰관계가 되도록 노력하는 자세가 필요할 것이다.

또한 선진국에서는 당연시되고 있는 금융 컨설팅 수당(Fee) 제도가 정착되어 불공정한 영업을 막아야 한다는 숙제는 당연히 해결해야 한다. 가야할 길이 멀어 보이지만, 그럼에도 우리나라가 한 단계 도약하고, 재정관리의 중요성이 커지는 이 시점에서는 해야 할 일이다. 아마 이런 숙제 가운데에서도 미래성을 보았기에 예비 FP들이 늘어나고 있는지도 모르겠다.

세르반테스의 소설 〈돈키호테〉에 나오는 유명한 구절이 있다.

"이룰 수 없는 꿈을 꾸고, 이루어질 수 없는 사랑을 하며, 이길 수 없는 적과 싸움을 하고, 견딜 수 없는 고통을 견디며, 잡을 수 없는 저 하늘의 별을 잡자."

워낙 많은 이들이 인용한 글이기도 하지만 내게 있어서도 이 구절은 특별하다. 길지 않은 삶을 살아오면서 나름 롤러코스터 같은 삶을 살았고, 또한 여전히 살아가고 있으며, 앞으로도 더욱 꿈꾸고 사랑하고 싸우고 별을 잡으러 가려 하기 때문이다.

흔히 돈키호테라 하면 좀 정신없고 황당무계한 사람을 떠올리곤 하는데, 그의 삶은 황당한 것이라기보다 싸움과 인내, 사랑과 꿈을 향해 끊임없이 돌진한 삶이었다. 나도 그런 삶에 신앙의 줄기가 관통하는 사람으로 살아가고 싶다.

비전은 미래를 향한 그림이다. 미래에 대한 확실한 이미지가 그려지고 그 그림을 그릴 때 가슴이 뛰는 것이 비전이다. 돈키호테가 되어 꿈과 사랑, 가치라는 별을 잡는 상상을 할 때면 가슴이 뛰고 즐겁다. 아무래도 직업 하나는 멋지게 준비하신 주님이시다. 이제 그 가슴 뛰는 비전을 그렸으니 잘 달려가는 일이 남았다. 때로 돌부리에 걸려 넘어지기도 하고 힘들어서 멈출 때도 있겠지만 나는 믿는다. 그때마다 뒤에서 지켜보시는 분이 나를 안고 뛰어가실 것을 알기에 오늘도 힘겹지만, 즐겁고 신나게 아름다운 삶을 살아가리라.

에필로그

진정한 TOT (Target on Time)

　청년회 활동을 하면서 많은 교육과 훈련을 받았다. 금융인이 되어서도 끊임없이 교육 세미나를 하게 되지만 청년시절 교회에서 여러 훈련과 세미나 등을 거쳐서인지 웬만한 교육은 거뜬히 넘기곤 한다.

　금융인의 길로 들어선지 얼마 지나지 않을 때, 교회 목사님께서 청년들을 위한 제자훈련 프로그램을 시작하셨다. 그 프로그램은 TOT(Target on time)으로, 하나님의 시간에 우리의 시간을 맞추기 위한 제자훈련이었다. 이 프로그램을 진행하면서 청년회원들도 고생깨나 했지만 하나님의 시간과 우리가 생각하는 시간이 다르다는 것을 인정했고, 하나님이 원하시는 때를 기다리며 기도하게 되었다. 그런데 그것보다 더 중요한 것은 따로 있었다. 목사님께서 이 프로그램의 제목을 TOT로 정하셨을 때 나는 신기하기도 하고 재밌기도 했다.

"목사님, 저희 금융인들 사이에서도 TOT라고 불리는 사람들이 있어요."

"그래?"

"네, Top of the table 이라고 해서 금융인들 중에서 최고 실적을 올리고 최고로 인정받는 자리를 TOT라고 하거든요."

"그래? 참 신기하네. 사실 TOT가 군대용어이기도 하거든. 말하자면 시간차 포격훈련을 말하는데 하나의 타겟을 향해 시간차 공격을 퍼부어 박살을 내는 훈련이야. 포병훈련의 꽃이라고 불리지. 그러고 보니 TOT가 가진 의미가 많구나."

"그러게요. 금융업계에도 군대에서도, 또 교회에서도 참 많네요."

정말 우연의 일치라고 보기엔 TOT라는 용어가 주는 임팩트가 참 강했던 것 같다. 이런 마음을 아셨을까 목사님이 쐐기를 박듯 이런 선포를 하셨다.

"윤선아! 너 이 제자훈련 잘 받고 업계에서 최고라고 인정받는 TOT가 되어라. 그리고 신앙적으로는 훈련받은 군사가 되어 세상의 불의한 것을 박살내는 동시에 금융인으로서는 최고가 되렴."

"네? 아휴 목사님도…."

"왜? 입술의 고백이 믿음의 고백이 되는 거야. 꼭 그렇게 돼서 'TOT를 바라는 TOT'가 되는 거야."

고객 한 사람 한 사람이 아쉬운 그때 목사님의 말씀은 불가능한 일이었다. 내게 되어 보라고 선포한 TOT는 그저 교회에서 받는 교육 프로그램의 이름이었다. 그런데 그 선포가 있고 수년이 지난 뒤 진짜 TOT가 되었다. 게다가 남들은 거의 달성하지 못한 연속 기록을 갱신하며 TOT로 살아가고 있다. 이제 그 경력을 10년 넘게 유지하여 종신회원이 되는 꿈이 생겼으니 이쯤 되면 목사님의 예언이 완전히 들어맞은 셈이다. 나중에 하늘나라에 계신 목사님과 만나면 꼭 보답하고 싶다.

맞다. 나는 지금 금융인들이라면 한 번쯤 꿈꾼다는 TOT가 되었다. 특별한 재능이 있어서도 아니고 특별한 조건이 갖춰졌기 때문도 아니다. 이유를 찾자면 시간과 목표와 대상이 적절히 조화를 이루었기 때문이 아닐까 싶다. 꼭 일하는 분야에서만 아니라 삶에 있어서도 시간과 목표, 대상의 조화는 중요하다.

나는 누구를 위해 살 것인가. 그들과 어떤 비전을 꿈꿀 것인가. 하나님께서 원하시는 시간에 맞춰 살고 있는가. 아마도 이 세 가지는 앞으로도 금융인으로 살아갈 내가 머릿속에 집어넣고 날마다 꺼내야 할 화두가 아닐까 싶다. 그 중에서도 특히 하나님의 때에 속도를 맞추는 삶에 더 집중하고 싶다. 그래서 10년 뒤쯤엔 진정한 하나님의 때를 살아가고 있는 사람, 세상의 가치 있는 목표에 하나님의 시간을 맞추는 사람, 'Target on Time'을 바라는 'Top of the Table'로 바로 설 수 있었으면 좋겠다.

　나아가 또 하나 바라는 것이 있다면, 이러한 삶의 비전을 공유할 많은 이들이 곁에 늘어나는 것이다. 한 사람 보다 두 사람이, 더 많은 인원이 삼겹줄을 만들면 그 힘이 시너지 효과를 내는 것처럼, 좋은 가치관과 유익한 비전을 공유한 동료들을 독려하여 함께 경주에 동참한다면 더없이 기쁠 것이라 생각한다.